saludable

A partir de los 20 o 25 años la estatura es el factor que más influye.
Personas más o menos altas pueden tener un peso correcto mayor o menor.

Guía para adultos

mujeres peso, kg	estatura cm	hombres peso, kg
entre 47 y 61	150	
48 64	155	entre 57 y 67
50 67	160	59 69
53 70	165	61 73
56 74	170	63 76
58 77	175	64 80
	180	66 83

El peso depende de la edad, el sexo, la complexión y la estatura.

Complexión y estatura son hereditarios.

Usted puede controlar su peso.

Es conveniente conservar el peso correcto que se alcanza a los 20 o 25 años.

Algunas personas podrán estar fuera de los límites, pero en general:

si está abajo de su peso, coma más y si está arriba, coma menos

...y la COMIDA se hizo

6 _____ saludable

EDITORIAL TRILLAS

México, Argentina, España,
Colombia, Puerto Rico, Venezuela

Catalogación en la fuente

> *Fernández, Beatriz L.*
> *. . . Y la comida se hizo : saludable. --*
> *3a ed. -- México : Trillas, 1990 (reimp. 1995).*
> *135, [9] p. : il. col. ; 27 cm. -- (. . . Y la*
> *comida se hizo; 6)*
> *ISBN 968-24-4024-6*
>
> *1. Cocina - Manuales, vademecums, etc.*
> *2. Recetas. I. Yani, María. II. Zafiro, Margarita.*
> *III. t. IV. Ser.*
>
> LC-TX716.A1F4'F4.86   D- 641.508'F565s   1478

La presentación y disposición en conjunto de
. . . Y LA COMIDA SE HIZO SALUDABLE (6)
son propiedad del editor. Ninguna parte de esta obra
puede ser reproducida o trasmitida, mediante ningún sistema
o método, electrónico o mecánico (incluyendo el fotocopiado,
la grabación o cualquier sistema de recuperación y almacenamiento
de información), sin consentimiento por escrito del editor

Derechos reservados
© 1985, ISSSTE

Derechos reservados
© 1986, Editorial Trillas, S. A. de C. V.,
Av. Río Churubusco 385, Col. Pedro María Anaya,
C. P. 03340, México, D. F.

División Comercial, Calz. de la Viga 1132, C. P. 09439
México, D. F. Tel. 6330995, FAX 6330870

Miembro de la Cámara Nacional de la
Industria Editorial. Reg. núm. 158

Primera edición, 1985
  Primera reimpresión, 1986 (ISBN 968-1971-9)
  (primera publicada por Editorial Trillas, S. A. de C. V.)
  Reimpresiones, 1986 y 1987
Segunda edición, enero 1990 (ISBN 968-24-3858-6)
Tercera edición, febrero 1990 (ISBN 968-24-4024-6)

Primera reimpresión, febrero 1995

Impreso en México
Printed in Mexico

Esta obra se terminó de imprimir y encuadernar
el 28 de febrero de 1995,
en los talleres de Rotodiseño y Color, S. A. de C. V.,
San Felipe núm. 26, Col. Xoco,
C. P. 03340, México, D. F.
Se tiraron
5 000 ejemplares, más sobrantes de reposición.
KC 100

Indice

...y la comida se hizo
6. saludable

  9 Presentación
11 *Fundamento de una dieta saludable*
24 Combine bien sus recetas

25 Sopas

26 Sopa de yogurt
27 Sopa de pescado y berro
28 Sopa de pepino
29 Sopa de acelga
30 Sopa de poro y papa
31 Sopa de pescado y pasta
32 Caldo de verduras
33 Caldo de Indianilla
34 Caldo de bolitas de queso
35 Fideo con frijol
36 Puchero
37 Lentejas con rajas
38 Cazuela de arroz
39 Macarrones verdes
40 Ravioles con jitomate

41 Huevos

42 Huevos escalfados
43 Huevos con frijol
44 Huevos con migas
45 Huevos sorpresa
46 Huevos a la naranja

47 Antojitos

48 Tostadas de frijol
49 Tacos de rajas

50 Tamales de frijol
51 Garnachas
52 Pambazos
53 Sesadillas
54 Nachos
55 Sopes de ostión
56 Flautas

57 Verduras, ensaladas y salsas
58 Habas con jitomate
59 Chayotes con epazote
60 Frijoles jarochos
61 Maíz asado
62 Aguacates rellenos
63 Puré de alubias
64 Berenjenas empanizadas
65 Cuadritos de betabel
66 Tortas de papa
67 Croquetas de zanahoria
68 Cebollitas agridulces
69 Platón de verduras
70 Garbanzos en vinagreta
71 Budín de camote
72 Papas al horno
73 Nopales fritos
74 Pepinos rellenos
75 Col en salsa blanca
76 Ensalada de cebolla
77 Ensalada de camarón
78 Ensalada de aguacate
79 Ensalada de manzana
80 Ensalada de frutas
81 Salsa mil islas/Salsa de nueces
82 Salsa de mostaza/Salsa de chile pasilla

83 Carnes
- 84 Bisteces de metate
- 85 Costillas con jitomate
- 86 Huesitos
- 87 Bisteces enrollados
- 88 Moronga enfrijolada
- 89 Clemole
- 90 Falda con tocino
- 91 Carne con papas
- 92 Rollo de carne

93 Aves
- 94 Pollo con fruta
- 95 Pechugas con salsa
- 96 Pollo en cerveza
- 97 Mole con pollo
- 98 Pollo en cacahuate
- 99 Menudencias con tocino
- 100 Higaditos con uvas

101 Pescados y mariscos
- 102 Pescado en pasilla
- 103 Pastel de sardina
- 104 Pescado en salsa poblana
- 105 Pescado en tortilla
- 106 Pescado con mayonesa
- 107 Truchas rellenas
- 108 Pescado en salsa de margarina
- 109 Pescado en comal
- 110 Mejillones al laurel
- 111 Tortas de camarón
- 112 Pulpo con yerbas
- 113 Ostiones al horno
- 114 Camarones al pulque

115 **Postres y bebidas**
- **116** Puré de zapote/Dados de melón
- **117** Lenguas de gato
- **118** Churros caseros
- **119** Bolitas de cacahuate
- **120** Paletas de plátano
- **121** Brocheta de fruta
- **122** Piña en cazuela
- **123** Donas de papa
- **124** Pastel de anís
- **125** Bizcocho con pasas
- **126** Postre de manzana
- **127** Pan de maíz
- **128** Pastel de zanahoria
- **129** Guayabas en almíbar
- **130** Aguas frescas

131 Contenido de los demás volúmenes de la serie **...y la comida se hizo**
1. fácil
2. económica
3. rápida
4. para celebrar
5. equilibrada

...y la comida se hizo

En los tomos 5 y 6 de esta serie presentamos cerca de 200 recetas de sopas, antojitos, verduras, guisados y postres. Como en los volúmenes anteriores, los platillos se basan principalmente en la rica tradición culinaria mexicana. Asimismo, todas las recetas fueron probadas en una cocina casera y después fotografiadas y redactadas con sencillez.

Las recetas de estos volúmenes tienen una orientación nutriológica. Por una parte, la proporción relativa de pescados, verduras y sopas es mayor que en los volúmenes anteriores. Por otra, los contenidos de azúcar, grasa saturada y colesterol en las recetas que se presentan es relativamente menor. Así, se ha tratado de usar con mesura el azúcar, la carne, el huevo, el queso y la crema; se recomienda freír siempre con poco aceite.

El objeto de estos dos volúmenes es contribuir a hacer conciencia de tres o cuatro reglas sencillas que conducen a una alimentación equilibrada y saludable. Para ello, cada una de las recetas lleva indicado, en el margen, su aporte nutritivo principal, ya sea de **[1]** *energía, de* **[2]** *proteínas o de* **[3]** *vitaminas y minerales.*

También en las páginas iniciales y finales de estos tomos podrá encontrar usted información útil que le permita planificar su dieta de manera más económica y sencilla.

Lea usted con cuidado las notas iniciales. Fueron redactadas por investigadores del Instituto Nacional de la Nutrición Salvador Zubirán.

Vayan estas líneas finales como reconocimiento a la labor ejemplar que han realizado, desde hace muchos años, investigadores como Salvador Zubirán, Francisco de P. Miranda y muchos otros mexicanos, gracias a la cual tenemos en nuestro país conocimientos y aportaciones aplicados a la realidad de México sobre un tema tan vital como la nutrición.

Fundamento de una alimentación saludable

Gallina. **Pietro Piani**, 1831.

La alimentación saludable

Para alcanzar el preciado bien de la salud es indispensable una alimentación correcta. La dieta no lo es todo, pero un organismo bien alimentado es generalmente un organismo sano y un gran número de enfermedades pueden prevenirse con una *alimentación saludable.*

El cuerpo humano es una máquina muy especial que al salir de la fábrica no está lista aún para trabajar plenamente. El crecimiento y la maduración del cuerpo a lo largo de la infancia y la pubertad dependen estrechamente de la alimentación.

La alimentación durante los primeros tres años de vida es particularmente crítica.

Chiles. **Elvia Esparza A.** 1982.

La dieta completa

La alimentación no es sólo uno de los más importantes pilares de la salud sino seguramente el que está más a nuestro alcance controlar.

La alimentación cumple tres funciones fundamentales:

- Aportar nutrimentos
- Estimular placenteramente los sentidos
- Constituir uno de los ejes centrales de la vida familiar y social

Con el fin de satisfacer estas tres funciones la dieta debe ser:

- completa
- suficiente, pero no excesiva
- equilibrada
- variada
- adecuada a la edad, sexo, complexión, actividad, recursos económicos y costumbres de cada quien, así como a la disponibilidad local y estacional de alimentos
- higiénica

Los alimentos se pueden clasificar según su aporte principal en tres grupos:

1. Los que aportan energía (maíz, trigo, arroz, papa, grasas animales, aceites vegetales, azúcar)
2. Los que aportan proteínas (frijol, garbanzo, lenteja, productos animales y sus derivados, cacahuate, nueces)
3. Los que aportan vitaminas y minerales (frutas y verduras)

La dieta completa se logra combinando, cada día, productos de los tres grupos.

Dieta suficiente y adecuada

La manera más práctica para saber si la dieta es suficiente, es vigilar el peso en los adultos y el crecimiento y desarrollo en los niños. Si el adulto mantiene su peso dentro de los límites normales y si el niño crece de acuerdo con lo esperado para su edad, la dieta es suficiente.

La dieta *equilibrada* es la que incluye con igual frecuencia y proporción los tres grupos de alimentos.

La *variación* es fundamental y fácil de lograr. Repita lo menos posible el mismo producto, altérnelo con otros del mismo grupo, sobre todo en el caso de las frutas y verduras que ofrecen una diversidad enorme.

La dieta debe ser *adecuada* a los alimentos disponibles y a las características de cada comensal. La edad, el sexo, el tamaño, la complexión y la actividad de cada uno de los miembros de la familia son diferentes; por lo tanto, cada uno necesita *cantidades* diferentes de alimentos, pero la *composición* de la dieta es la misma.

Prepare un solo menú para toda la familia. Salvo contadas excepciones, no hay razón para prepararle a cada quien platillos especiales, ya que todos tienen el mismo derecho a disfrutar de los beneficios de la dieta saludable. Elaborar un solo menú no sólo es más sencillo, rápido y económico, también permite una mejor planificación y, lo que es muy importante, tiene un efecto educativo muy grande. Recuerde que los niños aprenden a alimentarse en la mesa mientras comen con sus padres y es el momento de acostumbrarlos a una dieta saludable y variada.

Liebre. **Beaupré.**

Verduras Mexicanas. **Elvia Esparza A.** 1984.

Madres y recién nacidos

La *mujer embarazada* y la *mujer lactante* necesitan comer mayor cantidad de esa dieta saludable y, para ello, conviene muchas veces que tomen colaciones a media mañana y media tarde; las colaciones pueden ser de muchos tipos, por ejemplo un vaso de leche y galletas o un plato de frutas o verduras o una torta, etc. El correcto aumento de peso durante el embarazo o el correcto crecimiento del niño lactante son señales de que la alimentación de la embarazada y de la mujer lactante es adecuada.

El alimento ideal para los *primeros meses* de la vida es la leche materna; es más nutritiva, más limpia, más cómoda y más barata y contiene anticuerpos insustituibles, que protegen la salud del pequeño. La leche materna es un verdadero tesoro del que no debería privarse a ningún niño. Désela cada vez que la pida. Generalmente la leche materna es más que suficiente durante los primeros 4 meses; después, en forma gradual se le deben ir agregando otros alimentos, cuidando que estén limpios y que tengan la textura adecuada (muélalos o macháquelos a manera de purés). Así, el niño, antes del año, ya puede comer con el resto de la familia. Recuerde incluir los tres grupos de alimentos en este importante proceso. Puede usar alimentos industrializados especiales para esta edad, pero no son mejores que los que usted puede preparar y sí son mucho más caros. Cuando por alguna razón importante es imposible dar la leche materna, puede substituirla por el biberón, recordando que no es lo ideal.

Niños, adolescentes y ancianos

Por su crecimiento los niños comen relativamente más que los adultos, pero no espere que mantengan el mismo ritmo de consumo. No haga de la hora de comer una hora de tensiones y regaños, sino un momento de agradables experiencias; trate de establecer poco a poco el horario de comidas del niño, pero sin forzarlo.

Cuando el niño va a la escuela debe llevar una colación para el recreo. Una torta o unas frutas son excelentes. No le dé dinero para que lo malgaste y adquiera malos hábitos.

En la pubertad niños y niñas se estiran y además participan en juegos y deportes que les exigen una mayor cantidad de alimentos. Igual le ocurre al trabajador cuya actividad física es intensa. Deben comer a plenitud la dieta saludable, cuidando solamente que no engorden.

Las personas de edad avanzada requieren también ciertos cuidados especiales. Si han perdido los dientes su comida debe ser suave. Es frecuente que dejen de percibir el sabor dulce y puede convenir endulzar más sus alimentos. Evite que se aíslen, deben seguir departiendo con el resto de la familia.

Flor de yuca. **S y D Edwards**, 1806.

Manzana. "El Ribstone".

Algunas enfermedades y la dieta

Existen varias enfermedades de las que hoy sabemos cómo se relacionan con la alimentación y que año con año cobran una elevada cuota de vidas, invalidez y sufrimiento. La dieta saludable puede ayudar a prevenirlas y de ahí la importancia de vigilar la dieta familiar cotidiana. Siempre será mejor prevenir que lamentar.

No hablaremos de las dietas especiales que se prescriben cuando hay ciertas enfermedades. Su manejo es delicado y toca al especialista prescribirlas individualmente a cada enfermo.

Enfocaremos más bien una serie de medidas que todos debemos seguir para correr un menor riesgo de enfermar; como se dijo, son medidas preventivas cuyos resultados no se ven de un día para otro y eso puede ser engañoso. Sin embargo, tenga la certeza de que estas medidas funcionan y contribuyen a evitar, o por lo menos a hacer menos graves, la obesidad, el infarto del corazón, la diabetes, el estreñimiento y la hipertensión arterial, entre otros padecimientos cuya frecuencia crece alarmantemente en nuestro medio urbano.

La *obesidad* es peligrosa. Para muchos es símbolo de prosperidad y felicidad; hay quienes consideran que una persona gorda es una persona más sana. Esto no es cierto; los obesos tienen mayor riesgo de muerte o de invalidez.

La obesidad es causada por comer más de lo que el organismo necesita, aunque sea menos de lo que comen otras personas. Cada quien requiere cantidades diferentes de alimento y de nada sirve compararse con otros.

Yerbas comestibles. **Elvia Esparza A.** 1982.

Si nota que su peso aumenta o simplemente que la ropa le comienza a ajustar, es el momento de vigilar su peso. No se recete a sí mismo dietas para adelgazar rápidamente; son peligrosas. Consulte a su médico.

El *infarto* y las *embolias* son a menudo mortales. Se deben a la arterioesclerosis, enfermedad en que las arterias se tapan por la acumulación de *colesterol* —el cual es un compuesto que el organismo sintetiza, pero que también se encuentra en muchos alimentos. La acumulación de colesterol depende de numerosos factores como el sexo, la edad, la herencia, el ejercicio, el tabaquismo y la tensión nerviosa entre los principales, pero muy especialmente de la *dieta.*

La *diabetes* en la mayoría de los casos tiene origen genético, es decir que se hereda. Sin embargo sus manifestaciones tardan en aparecer según una serie de circunstancias como son el sexo, las infecciones, el número de embarazos, la tensión nerviosa, el ejercicio, el peso corporal y la *dieta.*

El *estreñimiento* puede obedecer a diferentes causas, pero influye mucho el tipo de alimentación, sobre todo si no contiene fibra. Con el estreñimiento se asocian las hemorroides, las várices y trastornos de gravedad variable del intestino grueso.

La hipertensión arterial ha sido calificada como el asesino silencioso, por la elevada mortalidad que ocasiona sin manifestaciones de su presencia. En muchos casos la hipertensión arterial se relaciona con el consumo de sal.

Guajolote. **John James Audubon**, 1825.

Recomendaciones

Vigile su peso El peso debe mantenerse dentro de los límites apropiados para cada edad, sexo y complexión señalados en alguna tabla de pesos adecuados. Durante la infancia y la adolescencia y durante el embarazo hay incrementos normales de peso, pero éstos deben seguir los patrones respectivos.

No coma por comer, ni por nervios, ni porque es la hora. No coma si no tiene hambre. Evite lo más posible los postres ricos en grasas y azúcares, que debe guardar para ocasiones especiales. Si le cuesta trabajo mantener su peso, prefiera frutas, ensaladas, verduras y alimentos sin refinar. Tal vez le ayude comer con mayor frecuencia pequeñas cantidades de alimentos; no repita ningún platillo, una vez es suficiente; lleve a la mesa sólo la ración que le toca.

Tuna. **Edwards**, 1813.

Coma menos colesterol. Cada persona tiene una predisposición diferente, pero en general conviene ingerir poco de esta substancia. Los alimentos más altos en colesterol son los sesos, el chicharrón, la yema de huevo, el hígado, los camarones, la crema y algunos quesos cremosos. Son alimentos muy sabrosos y no es necesario prescindir de ellos totalmente, pero sí conviene usarlos sólo ocasionalmente y en pequeña cantidad. Tenga especial cuidado con los sesos, el chicharrón y la yema de huevo o platillos que los contengan, porque aún en pequeñas cantidades tienen mucho colesterol. Disfrute de ellos nada más de vez en cuando, no más de una vez por semana.

Coma menos grasa. Use preferiblemente aceites vegetales, como los de cártamo, maíz, soya o girasol, y limite lo más posible las grasas animales, como la mantequilla y la manteca.

Pepino y calabaza. **Edgar Hahnewald.**

Recomendaciones

Consuma poca azúcar. No tome azúcar ni productos que la contienen como los refrescos dulces y postres. Además de ser una fuente relativamente cara de energía, el azúcar favorece las caries y se le asocia a varias enfermedades.

Reduzca el consumo de sal. La sal contiene sodio y cloro que son necesarios para la nutrición, pero se requiere en cantidades muy pequeñas. Su exceso es peligroso porque se asocia con la hipertensión arterial. Los alimentos contienen naturalmente suficiente sal, por lo que la que se agrega en la cocina y en la mesa es realmente innecesaria. (Se calcula que el mexicano ingiere 10 veces más sal de la que necesita.)

Los alimentos industrializados tienen más sal de lo que parece. La contienen en abundancia los embutidos, como el jamón, el chorizo, etc., todos los enlatados y conservas, el pan y, por supuesto, las golosinas hechas de frutas, de chile y los consomés en polvo.

Reduzca en lo posible este tipo de alimentos. Trate de agregar menos sal cada día en la cocina y procure eliminar el salero de la mesa. Poco a poco se puede ir acostumbrando el paladar a menos sal y se descubre el verdadero sabor de muchos alimentos.

Reduzca el consumo de alimentos refinados. Hace más de cien años se inició en Europa y Norteamérica la moda de refinar alimentos, particularmente los granos. Muchos expertos relacionan este capricho con la mayor frecuencia de problemas tales como el estreñimiento, las várices, las hemorroides y ciertos tipos de colitis, entre otros. Durante la refinación se pierden algunos nutrimentos así como la *fibra*, que es un material indigerible de los vegetales que desempeña un importante papel en el *funcionamiento* del aparato digestivo.

Aunque la alimentación tradicional en México es rica en fibra gracias al maíz y al frijol, en el medio urbano se observa cierta tendencia a substituirlos parcialmente por harinas refinadas (pan blanco, pasta). No excluya el pan y las pastas, pero dé preferencia a los derivados del maíz entero, al frijol, a las frutas y a las verduras que contienen más fibra.

Girasol. **Edgar Hahnewald.**

Maíz y Mijo. **Edgar Hahnewald.**

Higiene

La higiene en la preparación y consumo de alimentos es indispensable. No observar las reglas fundamentales puede contaminar la comida y hacerla vehículo de enfermedades.

Lave muy bien sus manos antes de preparar los alimentos y con especial cuidado las uñas. Es conveniente cubrir el cabello con una mascada. Si tiene alguna herida cúbrala con una curita.

Limpie bien la cocina y todos los utensilios. Cuando barra cubra los alimentos para evitar que les caiga polvo.

Frecuentemente las verduras se riegan con aguas negras, por lo que debe lavarlas con agua y frotarlas con escobeta o zacate; las lechugas, berros, coles, espinacas y productos similares deben lavarse hoja por hoja.

No compre ni consuma ningún alimento que huela mal o parezca descompuesto. No adquiera sus alimentos en establecimientos clandestinos, ya que suelen vender productos adulterados o contaminados; en especial tenga cuidado con el queso, crema,

Jitomate, berenjena y pimentón. **Edgar Hahnewald.**

carnes, pescado y embutidos, pues se descomponen fácilmente. La leche bronca, además, puede transmitir otras enfermedades.

Hierva siempre la leche y el agua; esta última debe hervir por lo menos 10 minutos después de que suelte el hervor.

Cueza la carne a alta temperatura.

Proteja los granos y harinas de insectos y roedores, guardándolos en frascos de vidrio tapados. Cubra los alimentos preparados para evitar que se paren en ellos las moscas, pues los contaminan fácilmente; para alejar las moscas de su casa cubra bien la basura. Guarde todos los sobrantes en el refrigerador.

Organice su despensa clasificando los alimentos de acuerdo con los tres grupos. Algunos alimentos pueden almacenarse largo tiempo como los granos, harinas, latas, leche evaporada o en polvo. De esa manera puede planificar mejor sus compras de acuerdo con lo que va haciendo falta. Cuando compre productos industrializados escoja el que le ofrece más por un menor precio; consulte el peso neto que aparece en la etiqueta.

Combine bien sus recetas

Papas. **Edgar Hahnewald.**

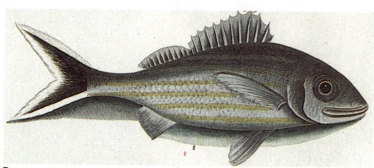

Perca.

Papaya. **Williams**, 1889.

Las recetas que se presentan en este libro se han seleccionado por ser sabrosas, razonablemente económicas y simples y la mayoría se basan en la rica tradición mexicana. A cada una de ellas la hemos marcado con los números 🔢1, 🔢2 y 🔢3 según el grupo o grupos de alimentos que predominen en la preparación, para que usted se dé cuenta fácilmente del aporte del platillo. Así podrá combinar platillos de forma que, al final del día, se hayan consumido los grupos 🔢1🔢2🔢3 en proporciones semejantes. Por ejemplo, si en una receta vemos los números 🔢2🔢3 significa que le faltan alimentos del grupo 🔢1 y por tanto debe combinarse en el día con otro platillo en que predomine este grupo 🔢1 (si falta en la comida del día el grupo 🔢1, acompañe con tortillas y su dieta será completa).

Incluimos también un símbolo de precaución 🔴 que significa que el platillo es rico en grasas saturadas, en colesterol, y que, en consecuencia, no conviene comerlo más de una vez por semana. Cómalo sin miedo, pero deje pasar una semana antes de repetirlo.

Sopas

Son innumerables las formas en que puede prepararse una sopa llegando a constituir, si se desea, una comida completa. Al caldo de pollo, pescado, res o carnero se le pueden agregar las más variadas verduras, pastas de trigo, harinas de cereales, arroz, papa, elotes, queso, huevo, leche si se quieren cremas, pan, tortillas, trozos de carnes rojas o blancas, frijol, lenteja, garbanzo o habas, para tener la sopa más adecuada a cada gusto y presupuesto. Aproveche la oportunidad que este tipo de platillos brinda de dar a la comida diaria una amplia variedad, utilizando distintos ingredientes de los tres grupos de alimentos.

SOPAS

Sopa de yogurt

- 3 tazas de yogurt
- 1 taza de consomé frío
- 2 cucharadas cafeteras de pasas
- 1/2 taza de leche
- 1/2 taza de pepino picado
- 1 cucharada sopera de cebollín picado
- — sal y pimienta

1. Remoje las pasas en la taza de consomé durante 5 minutos.
2. En un recipiente, mezcle el yogurt con la leche, el pepino, el cebollín, sal y pimienta.
3. Vierta el consomé con pasas en el recipiente. Vuelva a mezclar. Refrigere media hora y sirva en platos individuales.

SOPAS 2/3

Sopa de pescado y berro

3 filetes de pescado
1 manojo de berros
6 tazas de consomé
— margarina
— sal y pimienta

1. Lave los filetes de pescado, séquelos, añada sal y pimienta, fríalos en margarina y desmenúcelos.
2. Lave los berros, píquelos y hiérvalos en poca agua.
3. Licue los berros con el consomé y vierta en una olla. Hierva a fuego bajo.
4. Añada el pescado desmenuzado y sirva muy caliente.

SOPAS

Sopa de pepino

- 2 pepinos
- 1 manojo chico de berros
- 1 trozo de cebolla
- 2 dientes de ajo picados
- 3 tazas de caldo
- 3 tazas de leche
- 1 pizca de nuez moscada
- 1/2 taza de queso desmoronado
- — aceite para freír
- — sal y pimienta

1. Pele los pepinos y píquelos finamente.
2. Fría la mitad de los pepinos con la cebolla y el ajo hasta que se ablanden.
3. Lave y pique los berros.
4. Licue la fritura de pepino y cebolla con los berros; añada la leche y el caldo hasta obtener una mezcla uniforme de color verde pálido.
5. Vierta la mezcla en una olla; añada el resto de los pepinos, la nuez moscada, sal y pimienta. Caliente unos minutos.

Al servir, agregue en cada plato un poco de queso desmoronado. (La sopa puede tomarse fría, refrigerando durante una hora antes de servir.)

Sopa de acelga

SOPAS

- 1 manojo de acelgas
- 3 papas
- 3 rebanadas de tocino picadas
- 6 tazas de caldo
- 2 chiles cuaresmeños
- — sal y pimienta

1. Lave las acelgas y píquelas.
2. Pele y parta las papas en cuadritos.
3. En una olla, dore el tocino. Añada las papas, las acelgas y el chile. Fría unos minutos.
4. Vierta el caldo a la olla. Agregue sal y pimienta. Cueza unos 15 minutos para que se suavice la verdura.

SOPAS
1 Sopa de poro y papa

- 6 tazas de consomé
- 3 papas peladas y cortadas en cuadritos
- 2 poros rebanados finamente
- 1 taza de puré de jitomate
- — aceite para freír
- — sal y pimienta

1. Fría las papas y los poros hasta que se transparenten. Añada el puré de jitomate y sazone.

2. Agregue el consomé, sal y pimienta. Hierva hasta que papa y poro estén casi deshechos. Sirva caliente.

SOPAS

Sopa de pescado y pasta

- 1 cabeza de pescado
- 2 trozos de cebolla
- 1 jitomate picado
- 1/2 cucharadita de polvo de camarón
- 1/2 paquete de estrellitas de pasta para sopa
- 1 taza de vino blanco
- 1 diente de ajo
- 3 chiles de árbol
- — yerbas de olor
- — aceite para freír

1. Cueza la cabeza de pescado en 6 tazas de agua con un trozo de cebolla, las yerbas de olor, el vino y el polvo de camarón, durante unos 15 minutos. Retire del fuego; cuele el caldo y apártelo.

2. Pique el otro trozo de cebolla y en una olla fríala con el ajo hasta que se transparente. Añada el jitomate y el chile. Sazone.

3. Vierta el caldo sobre la olla. Agregue las estrellitas. Cueza unos 15 minutos más. Sirva caliente.

SOPAS

Caldo de verduras

- 1 papa
- 2 zanahorias
- 2 calabacitas
- 6 tazas de caldo
- 1 hoja de apio
- 1 cucharada sopera de margarina
- sal y pimienta

1. Pele la papa y rállela junto con las zanahorias y las calabacitas. Fría todo en margarina unos minutos.

2. Añada el caldo y la hoja de apio, sal y pimienta y cueza unos 15 minutos más. Acompañe con salsa picante y jugo de limón.

Caldo de Indianilla

SOPAS 1/2

- 1 pollo cortado en trozos
- 3 dientes de ajo
- 1/2 taza de arroz
- 1/2 taza de garbanzo remojado
- 1 cebolla
- 2 zanahorias
- 1 cucharada cafetera de perejil
- — cilantro picado al gusto
- — limones al gusto
- — chiles serranos
- — sal

1. Cueza el pollo en 8 tazas de agua con el ajo, la cebolla, las zanahorias, el perejil y sal. Cuando todo esté tierno, retire del fuego, cuele el caldo y desmenuce el pollo.

2. Cueza los garbanzos y el arroz por separado.

3. Sirva en plato hondo una cucharada de arroz, una de garbanzo, un poco de pollo desmenuzado y caldo.

Se agregan al gusto chile, cilantro y limón.

SOPAS

1/2 Caldo de bolitas de queso

- 2 **huacales de pollo**
- 1/2 **taza de pan rallado**
- 3 **cucharadas soperas de queso rallado**
- 2 **cucharadas cafeteras de cilantro picado**
- 2 **cucharadas soperas de harina**
- 2 **huevos**
- 1 **trozo de cebolla**
- 2 **dientes de ajo**
- — **sal y pimienta**

1. Para preparar el consomé, hierva los huacales en 8 tazas de agua, con el trozo de cebolla, los ajos, sal y pimienta unos 20 minutos. Cuele a través de una servilleta limpia.
2. Mezcle el pan, el cilantro, la harina, los huevos y el queso. Forme bolitas del tamaño de una canica.
3. Regrese el caldo al fuego, baje la flama y 5 minutos antes de servir la sopa agregue las bolitas al caldo, para que se cuezan sin que se deshagan.

Fideo con frijol

- 1/2 **paquete de fideo delgado**
- 1 **jitomate**
- 1/2 **cebolla**
- 1 **diente de ajo**
- 1 **cucharada cafetera de perejil**
- 6 **tazas de caldo de frijol**
- 1 **trozo de queso añejo desmoronado**
- — **aceite para freír**

1. Licue el jitomate con la cebolla y el ajo.
2. Dore el fideo. Escurra. Quite el exceso de grasa de la olla y fría ahí mismo el jitomate hasta que sazone.
3. Añada el caldo de frijol, el perejil y el fideo. Tape y baje la flama. Cueza hasta que se ablande el fideo, unos 15 minutos. Al servir espolvoree con queso.

SOPAS

Puchero

- 3/4 kg de agujas
- 4 papas en mitades
- 6 zanahorias
- 1/2 col partida en trozos
- 3 dientes de ajo
- 1 trozo de cebolla
- 1 rama de cilantro
- 1 rama de yerbabuena
- 2 plátanos tabasco
- — sal

1. Cueza la carne en 8 tazas de agua con el ajo, el trozo de cebolla y sal.
2. Agregue las papas, la col y las zanahorias, la yerbabuena y el cilantro. Cueza unos 20 minutos hasta que las verduras estén tiernas.
3. Sirva el puchero en platos hondos con rebanadas de plátano.
Acompañe con salsa picante al gusto.

SOPAS

Lentejas con rajas

- 1 taza de lentejas
- 4 chiles poblanos
- 1/2 cebolla
- 2 jitomates
- 2 dientes de ajo
- 6 cucharadas cafeteras de requesón
- — aceite para freír
- — sal

1. Limpie y remoje las lentejas durante la noche y cuézalas en agua con sal.

2. Ase, pele y desvene los chiles; pártalos en rajas. En una olla, fríalos en aceite.

3. Licue los jitomates con la cebolla y los ajos; agregue a la olla con las rajas. Sazone.

4. Licue la mitad de las lentejas con un poco del agua donde las coció y viértalas sobre la olla. Las demás lentejas se añaden enteras. Hierva un rato hasta que espese el caldo. Al servir ponga una cucharada de requesón en cada plato.

SOPAS

Cazuela de arroz

- 1 1/2 tazas de arroz
- 4 tazas de caldo
- 2 zanahorias cortadas en cuadritos
- 1/2 taza de chícharos
- 1 diente de ajo
- 1 trozo de cebolla
- 1 rama de perejil
- 1/2 taza de leche
- 1/2 taza de requesón
- — aceite para freír

1. Remoje el arroz en agua tibia durante unos 15 minutos; escúrralo y enjuáguelo con agua fría.

2. En una cazuela, fría el arroz en aceite con el ajo y la cebolla, moviendo para que se dore un poco. Escurra el exceso de aceite, añada el caldo, las zanahorias, los chícharos y la rama de perejil. Baje la flama y tape la cazuela. Cueza hasta que el caldo se consuma y los granos estén sueltos y tiernos. (Si hace falta líquido añada agua caliente.)

3. Mezcle la leche con el requesón y vierta la mezcla sobre el arroz; vuelva a tapar y cueza 5 minutos más.

Macarrones verdes

- 2 paquetes de macarrones
- 1 manojo chico de espinacas
- 1 trozo de cebolla
- 1 diente de ajo
- 2 cucharadas soperas de margarina
- — sal

1. Lave las espinacas, escúrralas y cuézalas unos minutos en poca agua; lícuelas con su agua y un diente de ajo. Vierta en una olla y manténgalas calientes a fuego bajo.
2. Cueza los macarrones en agua con sal y un trozo de cebolla, durante 20 minutos.
3. Escurra los macarrones y colóquelos en un platón. Para servir distribuya la margarina sobre el platón y bañe con la salsa de espinaca.

SOPAS

Ravioles con jitomate

- 4 docenas de ravioles
- 2 tazas de puré de jitomate
- 1/2 taza de vino blanco
- 1 diente de ajo
- 1 trozo de cebolla
- 1 taza de queso rallado
- 1 cucharada cafetera de orégano en polvo
- — aceite para freír
- — sal y pimienta

1. Fría la cebolla y el ajo en poco aceite hasta que se transparenten. Deséchelos. En el mismo aceite fría el puré de jitomate. Agregue el vino, el orégano, sal y pimienta hasta que sazone. Mezcle y cueza unos minutos más.
2. Hierva los ravioles en agua con sal durante unos 20 minutos. Escurra y enjuague con agua fría para que no se peguen unos con otros.
3. Engrase ligeramente un platón refractario y ponga una capa de ravioles, una de queso, un poco de salsa y así sucesivamente hasta terminar con queso.
4. Hornee hasta que se derrita el queso.

Huevos

Tibios, estrellados, rancheros, a la albañil, a la mexicana, revueltos con diversos ingredientes, a la motuleña, los huevos se usan tradicionalmente en el desayuno, pero se les puede comer a cualquier hora o incluirlos en diversos guisos, aderezos como la mayonesa, salsas, natillas, flanes, pasteles y el típico rompope. El huevo aporta proteínas, hierro y varias vitaminas y sustituye a la carne con un costo menor.
Utilice el huevo como una alternativa, pero recuerde que contiene cantidades elevadas de colesterol en la yema y que en un solo huevo se encuentra todo el colesterol que se puede comer en un día, por lo que los adultos no deben consumir más de 2 o 3 huevos por semana. Si sólo utiliza la clara la cuota permisible es mucho más amplia.

HUEVOS
Huevos escalfados

1 **huevo (por persona)**
1 **cucharada cafetera de vinagre**
— **sal y pimienta**

1. Vierta el huevo con cuidado sobre un plato o taza para que no se rompa.
2. Hierva dos dedos de agua en una sartén. Añada el vinagre. Baje la flama y deslice despacio el huevo sobre el agua con vinagre. (El vinagre sirve para que la clara no se disperse en el agua.)
3. Hierva unos minutos hasta que cuaje la clara. Retire y escurra. Coloque sobre plato individual. Añada sal y pimienta.
Puede servirlos sobre tostadas de pan integral, bañarlos con cualquier salsa o simplemente espolvorear con orégano.

HUEVOS

Huevos con frijol

- 6 huevos
- 3 tazas de frijol cocido
- 1 cucharada sopera de cilantro picado
- — rajas de chile jalapeño en vinagre
- — aceite para freír
- — sal

1. Licue los frijoles con poco caldo para formar una pasta espesa. Fríalos hasta que resequen.
2. En un platón refractario ponga una capa de frijol; forme seis huecos con el dorso de una cuchara y rompa ahí los huevos. Espolvoree con sal. Adorne con las rajas y el cilantro.
3. Hornee a fuego medio hasta que cuajen las claras. Acompañe con tortilla caliente.

HUEVOS

1 Huevos con migas

- 6 huevos
- 3 bolillos duros
- 4 dientes de ajo
- — chile cascabel
- — aceite para freír
- — sal

1. Haga migajas los bolillos, rocíelos con agua salada y déjelos reposar 10 minutos.
2. Fría el ajo y los chiles unos minutos y retire de la sartén. Fría en la misma grasa las migas de pan, moviendo con una cuchara para que no se quemen. Escurra y coloque las migas en el centro de un platón, con los chiles encima.
3. Fría los huevos y colóquelos alrededor de las migas.

HUEVOS

Huevos sorpresa

- 6 huevos
- 1/2 taza de atún
- 1 cucharada cafetera de mostaza
- 2 cucharadas soperas de yogurt
- — lechuga picada finamente
- — chile serrano al gusto
- — aceite y vinagre

1. Cueza los huevos en agua hirviendo durante 15 minutos. Páselos por agua fría y quíteles la cáscara.
2. Corte los huevos en mitades, a lo largo. Saque las yemas con cuidado de no romper las claras.
3. Mezcle el atún con el yogurt y la mostaza, las yemas y los chiles picados. Forme una pasta tersa.
4. Rellene las claras con la mezcla. Junte las mitades.
5. Sobre un platón forme una cama de lechuga. Coloque sobre ella los huevos y cúbralos hasta casi esconderlos con otra capa de lechuga. Bañe con aceite y vinagre.

HUEVOS

Huevos a la naranja

1 huevo (por persona)
1 naranja
1 pizca de canela

1. Exprima el jugo de media naranja.
2. Bata el huevo y mezcle con la mitad del jugo.
3. Caliente el resto del jugo en una sartén, a fuego bajo.
4. Vierta la mezcla de huevo sobre el jugo caliente y mueva lentamente hasta que se cueza.
5. Rebane la otra mitad de la naranja. Coloque el huevo revuelto encima de las rebanadas. Espolvoree con canela y sirva caliente.

Antojitos

Bajo este nombre se incluyen los más variados platillos de la cocina mexicana, por lo general completos, ya que incluyen maíz, verduras, frijol, queso o carnes. El nombre no es apropiado porque sugiere que se trata de caprichos poco nutritivos o peligrosos para la salud, cuando en verdad se trata de platillos equilibrados que pueden ocupar el lugar central en la comida. Por supuesto, cuando se adquieren en puestos callejeros en los que es imposible la higiene adecuada, pueden representar un grave riesgo, pero preparados en casa con el debido cuidado son alternativas que ameritan un uso amplio. Observe la precaución de lavar minuciosamente las verduras que emplee, utilice aceite en vez de manteca y deje escurrir el exceso de grasa sobre un trozo de papel de estraza.

ANTOJITOS

Tostadas de frijol

- 12 tortillas
- 1 1/2 tazas de frijol cocido
- 6 rebanadas de queso amarillo
- 1 cebolla
- 3 chipotles en vinagre
- 2 aguacates
- — aceite para freír

1. Dore las tortillas en aceite. Escúrralas.
2. Licue los frijoles. Caliéntelos en una olla. Pique el queso, añádalo y mezcle hasta que se derrita.
3. Unte las tostadas con la mezcla de frijoles y queso. Adorne con rebanadas de aguacate, trocitos de chipotle y cebolla picada.

ANTOJITOS

Tacos de rajas

18 tortillas
8 chiles poblanos
4 jitomates
1/2 cebolla
1 rama de epazote
— aceite para freír
— sal

1. Ase el jitomate y lícuelo con la cebolla.
2. Ase, desvene y corte los chiles en rajas. Fría.
3. Vierta la mezcla de jitomate y cebolla sobre las rajas, añada el epazote y siga friendo hasta que sazone. Añada sal, y agua si se reseca demasiado.
4. Caliente las tortillas y forme tacos con parte de la salsa de rajas. Acomódelos en un platón. Bañe con el resto de la salsa.

ANTOJITOS

1 Tamales de frijol

- 1 kg de masa de maíz
- 1 1/2 tazas de frijol cocido y molido
- 20 hojas de maíz
- 20 hojas de aguacate
- 3 cucharadas soperas de manteca vegetal
- 1 cucharada cafetera de polvo de hornear
- — aceite para freír
- — sal

1. Mezcle la masa con un poco de agua, la manteca, el polvo de hornear y sal. Amase hasta lograr una consistencia uniforme.
2. Fría los frijoles en un poco de aceite hasta que se resequen.
3. Sobre un lienzo húmedo extienda la masa hasta que quede del grueso de su dedo meñique. Cúbrala con frijol y enróllela.
4. Remoje las hojas de maíz y en cada una coloque una hoja de aguacate y un trozo de rollo de masa. Envuelva y cueza a vapor hasta que los tamales se desprendan de la hoja.

Garnachas

ANTOJITOS 1 2 3

- 3/4 kg de masa
- 10 tomates
- 1 cebolla picada
- 1 taza de requesón
- 4 huevos
- 2 dientes de ajo
- — chiles serranos
- — aceite para freír
- — sal

1. Mezcle la masa con un poco de agua para suavizarla.
2. Haga unas tortillas alargadas, en forma de guarache; cuézalas en el comal.
3. Licue los tomates, los chiles y el ajo. Añada sal.
4. Bata los huevos con 3 cucharadas soperas de agua. Fríalos en poca grasa a fuego muy bajo.
5. Cubra las garnachas con la salsa, cebolla picada, un poco de requesón y coloque encima una porción de huevo revuelto.

ANTOJITOS

Pambazos

25 pambazos
4 chorizos
5 papas
1 taza de queso rallado
1 lechuga orejona

1. Corte los pambazos a la mitad sin desprender la tapa totalmente.
2. Cueza las papas, pélelas y córtelas en cuadros pequeños.
3. Fría el chorizo, retírelo y en esa misma grasa fría los pambazos por ambos lados. Apártelos.
4. Regrese el chorizo a la sartén y agregue las papas. Mezcle bien.
5. Rellene los pambazos con la mezcla anterior, lechuga picada y queso. Sírvalos calientes con salsa verde o roja.

ANTOJITOS

Sesadillas

- 12 tortillas chicas y delgadas
- 1 seso de res
- 1 cebolla picada
- 2 dientes de ajo picados
- 4 cucharadas soperas de epazote picado
- — chiles serranos picados
- — aceite para freír
- — sal

1. Lave el seso y cuézalo en poca agua con sal. Escúrralo y quite la piel que lo cubre.
2. Fría la cebolla y el ajo hasta que se transparenten. Añada el seso, los chiles, el epazote y sal. Mezcle y fría unos 5 minutos.
3. Caliente las tortillas, rellénelas con la mezcla y dóblelas por la mitad. Deben comerse muy calientes.

ANTOJITOS

Nachos

- 12 tortillas
- 1 taza de frijoles refritos
- 1/2 taza de queso rallado
- — rajas de chiles jalapeños al gusto
- — aceite para freír

1. Corte las tortillas en cuartos, dórelas en aceite y escúrralas.
2. Unte los cuartos de tortilla con frijol, colóquelos en un refractario y espolvoree con queso. Hornee hasta que se derrita el queso. Sirva con las rajas de chile jalapeño encima (o con salsa mexicana).

ANTOJITOS

Sopes de ostión

- 1 frasco grande de ostiones
- 1 taza de frijol cocido
- 2 tazas de masa para tortillas
- 6 hojas de lechuga picada
- 2 jitomates
- 2 dientes de ajo
- 2 aguacates
- — aceite para freír
- — chiles

1. Licue los frijoles en un poco de caldo y forme un puré espeso.
2. Prepare con un poco de agua la masa y haga pequeñas tortillas. Cuézalas en el comal y pellízquelas en la orilla para formar los sopes.
3. Pase los sopes por aceite; quite el exceso de grasa.
4. Unte los sopes con puré de frijol y ponga una capa de lechuga en cada uno.
5. Ase el jitomate y lícuelo con el ajo; fría hasta que sazone. Añada el chile picado y los ostiones. Fría unos minutos más. Reparta la mezcla en los sopes. Adorne con rebanadas de aguacate.

ANTOJITOS

Flautas

18 tortillas largas y delgadas
1 pechuga de pollo
1/2 taza de leche
1/2 taza de crema
1 taza de requesón
— aceite para freír

1. Cueza la pechuga en agua con sal. Deshébrela.
2. Reparta el pollo deshebrado en las tortillas y forme las flautas; fríalas en aceite hasta que doren.
3. Adelgace la crema con la leche.
4. Bañe las flautas con la crema ligera y espolvoree con el requesón.
Sirva con salsa roja o verde.

Verduras, ensaladas y salsas

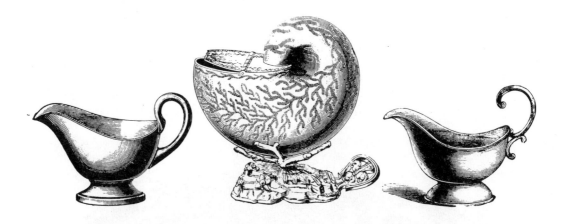

Al comer, el hombre se rige más por patrones culturales que por el instinto o por la razón. En algunas regiones y para algunos grupos sociales las verduras gozan de escasa preferencia, a pesar de que constituyen un grupo de alimentos sabrosos, baratos y nutritivos que deberían estar presentes diariamente en la dieta, a la que aportan vitaminas y la fibra que tan útil es para el buen funcionamiento del tubo digestivo.
Es preferible consumirlas frescas porque así contienen toda su vitamina C, pero pueden cocinarse procurando no hacerlo prolongadamente y usando la menor cantidad posible de agua o bien empleando vapor (vaporera, olla de presión).

VERDURAS
Habas con jitomate

- 1 kg de habas verdes
- 1 cebolla picada
- 4 jitomates
- 6 rebanadas de jamón picadas
- 2 cucharadas cafeteras de perejil picado
- — aceite para freír
- — sal

1. Saque las habas de su vaina y enjuáguelas. Hiérvalas unos minutos y quíteles la piel que las cubre.

2. Pase el jitomate por agua caliente, pélelo y píquelo.

3. En una cacerola, fría la cebolla hasta que se transparente. Añada el jitomate. Sazone. Agregue el jamón y las habas, media taza de agua y sal.

4. Tape la cacerola; hierva hasta que se terminen de cocer las habas y se reseque un poco la salsa. Para servir espolvoree con perejil.

VERDURAS

Chayotes con epazote

5 chayotes
2 jitomates
1 trozo de cebolla
2 dientes de ajo
1 rama de epazote
— chile de árbol
— sal

1. Cueza los chayotes en poca agua hasta que estén tiernos. Pélelos y pártalos en cuadritos.
2. Ase los jitomates y el chile. Lícuelos con el ajo y la cebolla. Fría hasta que sazone. Añada media taza de agua, sal, la rama de epazote y los chayotes. Hierva 5 minutos.
Acompañe con tortillas calientes.

VERDURAS

Frijoles jarochos

- 1 taza de frijol negro
- 1 trozo de cebolla
- 1 taza de masa para tortillas
- 2 chiles jalapeños
- 1/2 taza de chicharrón cascarita desmoronado
- 1 rama de epazote
- — sal

1. Remoje los frijoles desde la noche anterior.
2. Cueza los frijoles con un trozo de cebolla y sal, hasta que estén tiernos. Añada los chiles y la rama de epazote.
3. Mezcle el chicharrón con la masa. Forme bolitas.
4. Ponga las bolitas en los frijoles y siga cociendo unos 15 minutos más.

VERDURAS

Maíz asado

- 6 **mazorcas de maíz tiernas**
- 6 **trozos de margarina**
- — **sal y pimienta**

1. Caliente el horno a fuego alto.
2. Deshoje, lave y seque las mazorcas.
3. Coloque las mazorcas sobre un rectángulo de papel aluminio con un trozo de margarina, sal y pimienta. Envuelva completamente con el papel.
4. Coloque las mazorcas en una charola y hornee unos 30 minutos. Para servir puede espolvorear con chile piquín o bañar con gotas de limón.

VERDURAS

Aguacates rellenos

- 3 aguacates grandes
- 1 lata de atún
- 1 manzana picada finamente
- 1/2 taza de apio picado
- 1/2 taza de mayonesa
- — el jugo de 1 limón
- — sal y pimienta

1. Parta los aguacates por la mitad.

2. Sin romper las cáscaras, saque la pulpa del aguacate y mézclela con el atún, la manzana, el apio y la mayonesa. Añada unas gotas de limón, sal y pimienta.

3. Rellene inmediatamente las cáscaras de los aguacates con la mezcla y sirva frío.

Puré de alubias

VERDURAS

- 2 tazas de alubias
- 1/4 barrita de margarina
- 1 trozo de cebolla
- 2 salchichas cortadas en rodajas
- – sal

1. Lave las alubias y remójelas toda la noche.
2. Cueza las alubias en 5 tazas de agua con la cebolla y sal, hasta que casi se deshagan y el caldo haya espesado. Déjelas enfriar.
3. Licue las alubias hasta lograr un puré espeso.
4. Derrita en una sartén la margarina y fría ahí el puré. Vacíe sobre un platón.
5. Sirva muy caliente. Decore con rodajas de salchicha.

VERDURAS
Berenjenas empanizadas

2 berenjenas
2 huevos
1 taza de pan molido
— aceite para freír
— sal

1. Pele las berenjenas. Pártalas en rebanadas delgadas y remójelas en agua con sal durante 30 minutos. Escúrralas y séquelas bien.
2. Bata los huevos.
3. Pase las berenjenas por el huevo batido, revuelque en pan y fría en aceite muy caliente hasta que doren. Quite el exceso de grasa con una servilleta.

VERDURAS

1
3

Cuadritos de betabel

- 4 betabeles tiernos
- 1/2 barrita de margarina
- 1/2 taza de caldo
- 1 cucharada cafetera de azúcar
- 1 cucharada sopera de harina
- — sal y pimienta

1. Corte el tallo a los betabeles y cuézalos en agua hirviendo hasta que se ablanden. Pélelos y córtelos en cuadritos.

1. En una sartén a fuego bajo, derrita la margarina y añada la harina moviendo para que dore parejo. Vierta poco a poco el caldo y siga moviendo para que la harina no haga grumos. Agregue sal, pimienta, azúcar y los betabeles. Cueza unos minutos y sirva caliente.

VERDURAS

Tortas de papa

- *6* **papas**
- *1* **taza de queso rallado**
- *2* **huevos**
- — **aceite para freír**
- — **sal**

1. Cueza las papas, pélelas y macháquelas.
2. Mezcle el puré de papa con el queso, los huevos y sal.
3. Forme las tortas y fríalas hasta que doren por los dos lados. Sirva con ensalada.

VERDURAS

1, 2, 3

Croquetas de zanahoria

- 8 zanahorias
- 3 cucharadas soperas de queso rallado
- 2 huevos
- 1 taza de pan molido
- — aceite para freír
- — sal y pimienta

1. Lave, pele y cueza las zanahorias en agua con sal. Macháquelas y mézclelas con un huevo, queso, sal y pimienta.
2. Bata el otro huevo.
3. Forme las croquetas, páselas por el huevo batido y por el pan molido. Fría. Acompañe con arroz.

VERDURAS

1 / 3

Cebollitas agridulces

- 30 cebollitas de cambray
- 1/2 taza de azúcar
- 1/2 taza de vinagre
- 1 cucharada sopera de mostaza
- 1/2 taza de consomé
- — sal

1. Limpie las cebollitas y remójelas en agua con sal durante una hora.
2. Coloque las cebollas en una sartén y cúbralas con el azúcar.
3. Disuelva la mostaza con el consomé y el vinagre. Vierta sobre las cebollas.
4. Tape la sartén y hierva a fuego lento hasta que las cebollas se pongan tiernas.

Platón de verduras

- 4 zanahorias
- 4 calabazas
- 6 rábanos
- 1/2 coliflor
- 3 tallos de apio
- 2 pimientos morrones verdes
- 2 pimientos morrones rojos
- 6 cebollitas de cambray
- 1 taza de yogurt

1. Lave y desinfecte bien la verdura. Séquela.
2. Corte en tiras zanahorias, calabazas y pimientos.
3. Separe la coliflor en pequeños ramitos.
4. Haga unos cortes en los rábanos y en las cebollitas de cambray.
5. Coloque las verduras alrededor de un platón y en medio ponga un recipiente con el yogurt. Si prefiere cambie el yogurt por mayonesa, vinagre o salsa de queso.

VERDURAS

Garbanzos en vinagreta

2 tazas de garbanzo
1 huevo
1 trozo de cebolla picada
1 hueso de jamón
1 diente de ajo picado
1 hoja de laurel
1 ramita de perejil
— aceite
— vinagre

1. Remoje los garbanzos en agua durante la noche.

2. Cueza los garbanzos en una olla con 6 tazas de agua, el hueso de jamón y la hoja de laurel, hasta que los garbanzos estén tiernos pero no deshechos. Enfríe.

3. Cueza el huevo en agua hirviendo durante 15 minutos, páselo por agua fría, quítele la cáscara y píquelo.

4. Haga una vinagreta mezclando el aceite y el vinagre con el huevo, la cebolla, el ajo y el perejil picados.

5. Ponga los garbanzos en una ensaladera. Báñelos con la salsa y sírvalos.

Budín de camote

- 3 camotes amarillos
- 1/2 taza de miel de maíz
- 1 huevo
- 1/2 barrita de margarina
- 1/2 taza de leche
- 1 cucharada cafetera de pan molido
- 1 cucharada cafetera de polvo de hornear
- 1 pizca de sal

1. Lave los camotes. Cuézalos, pélelos y hágalos puré.
2. Bata el huevo e incorpórelo al puré.
3. Derrita la margarina. Retire la sartén del fuego. Añada la miel, la leche y la pizca de sal. Vierta sobre el puré y mezcle.
4. Engrase y empanice un molde refractario. Vacíe ahí la pasta de camote y hornee a fuego alto unos 45 minutos o hasta que, al introducir un palillo, éste salga seco.

VERDURAS

Papas al horno

- 6 papas medianas
- 1/2 taza de yogurt
- 1/2 taza de requesón
- 1 cucharada cafetera de cebollín picado
- — aceite

1. Lave las papas y séquelas bien. Barnice con aceite y envuélvalas en papel aluminio.
2. Hornee a fuego muy alto durante 45 minutos o hasta que al presionar la papa se sienta suave.
3. Al servir haga una incisión a la papa, abra un poco y ponga una cucharada de yogurt o de requesón, según prefiera. Espolvoree con cebollín.

VERDURAS

3

Nopales fritos

- 10 nopales tiernos
- 1 trozo de cebolla
- 1 cebolla rebanada
- 1 cucharada sopera de orégano en polvo
- 2 cucharadas soperas de requesón
- 1 diente de ajo
- 1 pizca de carbonato
- — chile serrano picado
- — sal y pimienta

1. Lave y limpie los nopales. Pártalos en rajitas y cuézalos en agua con una pizca de carbonato, el diente de ajo y el trozo de cebolla. Escúrralos.

2. Fría unos 15 minutos las rebanadas de cebolla, los chiles y los nopales. Añada sal y pimienta.

3. Espolvoree con requesón y orégano. Sirva con tortillas calientes.

VERDURAS
Pepinos rellenos

2
3

- 3 pepinos medianos
- 2 tazas de requesón
- 2 cucharadas soperas de cebollín picado
- 2 cucharadas soperas de leche
- 2 cucharadas soperas de aceite
- 1 pizca de pimentón en polvo
- — el jugo de 1 limón
- — sal

1. Lave y pele los pepinos.
2. Rebane a lo largo y saque las semillas para ahuecarlo.
3. Mezcle el requesón con la leche y el cebollín; rellene los pepinos, córtelos en mitades. Colóquelos en un platón y enfríelos 15 minutos.
4. Antes de servir bañe con jugo de limón. Añada unas gotas de aceite y espolvoree con pimentón y sal.

Col en salsa blanca

VERDURAS

1/2 col
1/2 barrita de margarina
2 cucharadas soperas de harina
3 tazas de leche
— nuez moscada
— sal y pimienta

1. Parta la col en trozos grandes. Lávela y hiérvala unos minutos en agua con sal.
2. En una sartén a fuego bajo, derrita la margarina, añada la harina y mueva para que dore parejo.
3. Añada leche, poco a poco, sin dejar de mover, cuidando que no se formen grumos. Agregue sal, pimienta y nuez moscada.
4. Escurra bien la col. Colóquela en un platón y báñela con la salsa caliente.

ENSALADAS
Ensalada de cebolla

- 2 cebollas grandes
- 2 jitomates
- 1 limón
- 1 cucharada sopera de queso añejo desmoronado
- 1 cucharada cafetera de orégano
- — aceite para freír
- — sal

1. Lave las cebollas, pártalas en rebanadas y déjelas reposar durante 45 minutos en agua fría con sal y unas gotas de jugo de limón. Escúrralas bien y colóquelas en un platón.
2. Rebane el jitomate, quítele las semillas y póngalo en el mismo platón que las cebollas. Bañe con el resto del jugo de limón y unas gotas de aceite.
3. Espolvoree con orégano y queso añejo. Sirva fría.

ENSALADAS

Ensalada de camarón

1/4 kg de camarón pacotilla
3 melones dulces
12 tallos de apio picados
12 hojas de lechuga picadas
1/2 taza de vino blanco
1/2 taza de jugo de naranja
— sal y pimienta

1. Lave los camarones y refrigérelos.
2. Mezcle el vino con el jugo de naranja.
3. Parta los melones en mitades. Saque las semillas. No tire el jugo.
4. Forme bolitas de melón con una cuchara, cuidando de no romper las cáscaras.
5. En un recipiente mezcle las bolitas con el apio, báñelas con la salsa de vino y el jugo de melón. Añada sal y pimienta.
6. En las cáscaras de los medios melones, coloque primero una capa de lechuga picada. Agregue la mezcla de melón y apio. Acomode encima una capa de camarones. Sirva muy frío.

ENSALADAS
1. Ensalada de aguacate

- 5 aguacates
- 3 cucharadas soperas de cebolla picada
- 2 cucharadas soperas de cilantro picado
- 2 chiles serranos picados
- 3 rebanadas de pan integral
- — el jugo de 1 limón
- — aceite para ensalada
- — aceite para freír
- — sal

1. Parta el pan en cuadritos. Dórelos en aceite.
2. Pele los aguacates y píquelos finamente y rocíelos con el jugo de limón.
3. Coloque los aguacates en una ensaladera. Añada los cuadritos de pan, la cebolla, los chiles y el cilantro. Bañe con aceite y un poco más de jugo de limón. Espolvoree con sal.

ENSALADAS

Ensalada de manzana

- 4 manzanas
- 1 taza de apio picado
- 1/2 taza de nueces
- 6 hojas de lechuga romanita
- 1/2 taza de mayonesa
- — el jugo de 1 limón
- 1/2 taza de requesón
- 1 pizca de chile piquín

1. Lave y desinfecte las hojas de lechuga. Escúrralas.
2. Pele las manzanas, pártalas en cuadritos y rocíelas con jugo de limón.
3. Mezcle la mayonesa con el requesón. Añada las nueces, el apio y la manzana picados.
4. Coloque sobre las hojas de lechuga. Espolvoree con chile piquín.

ENSALADAS

Ensalada de frutas

- 2 plátanos
- 2 mandarinas
- 2 rebanadas de piña
- 1 mango
- 1/2 melón
- — el jugo de dos naranjas
- 1/2 taza de yogurt
- 2 cucharadas soperas de miel
- 1 cucharada de yerbabuena picada

1. Pele y pique la fruta. Mezcle con el jugo de naranja. Colóquela en platos individuales.
2. Mezcle el yogurt con la miel y la yerbabuena y ponga una cucharada cafetera sobre los platillos. Sirva muy fría.

Salsa mil islas

SALSAS
1
3

1/2 taza de mayonesa
2 cucharadas soperas de salsa de tomate
— gotas de salsa inglesa
— gotas de limón

1. Mezcle los ingredientes y refrigere. Acompaña ensaladas y mariscos.

Salsa de nueces

1
2

1/2 taza de crema
1/2 taza de mayonesa
2 cucharadas soperas de nueces picadas
— sal y pimienta

1. Licue los ingredientes y sirva sobre ensalada o pescado.

81

SALSAS
Salsa de mostaza

3
- 1 naranja
- ralladura de 1 naranja
- 1 cucharada cafetera de mostaza
- sal y pimienta

1. Mezcle los ingredientes. Acompaña frutas, ensaladas y pescados.

Salsa de chile pasilla

3
- 4 chiles pasilla
- 4 tomates
- 1 diente de ajo
- 1 trozo de cebolla

1. Hierva los tomates ligeramente.
2. Ase, desvene y tueste los chiles. Remójelos en agua caliente. Licúelos con el ajo, los tomates, la cebolla y un poco del agua donde los remojó.
Acompaña antojitos, carnes y pescados.

Carnes

La carne puede prepararse asada, frita, a la parrilla, al horno, estofada o en guisos; para estos últimos se emplean cortes más económicos y rinden más al agregarse papa o diferentes verduras. Prefiera los cortes con menos grasa.
Por razones culturales hay quienes consideran a la carne el centro de la alimentación, la juzgan indispensable y sienten que no han comido si no la consumen. Las carnes son sin duda muy sabrosas y aportan hierro, proteínas y varias vitaminas, pero no son indispensables, no es preciso comerlas diariamente, ni en la cantidad en que suele hacerse. Una ración de carne sin hueso es de 100 gramos y corresponde a un bistec mediano o trozos equivalentes; puede sustituirse por leguminosas, huevo, queso, aves o pescado.
Los embutidos son muy de nuestro gusto, pero cómalos de vez en cuando porque tienen mucha sal y son desproporcionadamente caros. Selecciónelos bien porque a menudo su fabricación es defectuosa y poco higiénica.
Recuerde disfrutar de las carnes con mesura.

CARNES

Bisteces de metate

1/2 kg de carne de res molida
 2 chiles anchos
 1 huevo
1/2 taza de leche
1/2 bolillo
 2 dientes de ajo
 — aceite para freír
 — sal y pimienta

1. Remoje el bolillo en leche.
2. Ase y desvene los chiles; remójelos y lícuelos con el ajo y el pan con leche.
3. Mezcle los chiles licuados con la carne y el huevo. Agregue sal y pimienta.
4. Coloque la carne en el metate y vaya formando los bisteces con la mano del metate.
5. Fría los bisteces y sirva con guacamole.
Si no tiene metate, puede aplanar los bisteces a mano, poniendo la carne entre 2 trozos de plástico y presionando.

Costillas con jitomate

- 1 kg de costillas de puerco
- 6 jitomates
- 4 dientes de ajo
- 2 trozos de cebolla
- — sal y pimienta

1. Licue el jitomate con dos dientes de ajo, un trozo de cebolla, sal y pimienta.
2. En una cacerola, hierva las costillas en dos tazas de agua con los otros dientes de ajo y el otro trozo de cebolla, hasta que se consuma el agua. Siga friendo las costillas en su propia grasa hasta que doren. Escurra la grasa sobrante.
3. Vierta en la cacerola el jitomate licuado y una taza de agua. Baje la flama y cueza hasta que sazone la salsa. Si se reseca, puede añadir un poco más de agua.

CARNES

Huesitos

- 1 kg de costillas de puerco
- 1 taza de salsa de tomate
- 4 cucharadas soperas de mermelada de piña
- 3 cucharadas soperas de salsa inglesa
- 3 cucharadas soperas de sazonador líquido
- 1 taza de tamarindo sin cáscara
- 3 guayabas
- 2 cucharadas soperas de mostaza
- 1 cucharada sopera de azúcar

1. Hierva el tamarindo y las guayabas en dos tazas de agua. Machaque y cuele.
2. En una cazuela, mezcle todos los ingredientes, salvo la carne.
3. Agregue las costillas a la cazuela. Tape y hornee a fuego medio, durante 1 1/2 horas. (Si no quiere usar el horno, cueza directamente sobre la lumbre, hasta que la salsa se reseque un poco.)

Bisteces enrollados

CARNES

2
3

- 6 bisteces de aguayón
- 6 trozos de queso chihuahua
- 6 rebanadas de tocino
- 2 jitomates
- 1 trozo de cebolla
- 2 dientes de ajo
- — chile pasilla
- — aceite para freír
- — sal y pimienta

1. Lave los bisteces; séquelos. Coloque un trozo de queso en cada uno; enróllelos con una rebanada de tocino y deténgalos con un palillo.

2. Ase, desvene y remoje los chiles; escúrralos.

3. Licue el jitomate y los chiles con los ajos, la cebolla, sal y pimienta.

4. Dore los bisteces en una sartén con poco aceite. Añada el jitomate licuado y media taza de agua; baje la flama. Hierva unos 20 minutos.

CARNES

Moronga enfrijolada

- 1/2 kg de moronga
- 1 1/2 tazas de caldo de frijol
- 1 trozo de cebolla
- 2 dientes de ajo
- 1 cucharada sopera de cilantro picado
- — aceite para freír
- — sal y pimienta

1. Licue el caldo de frijol con el trozo de cebolla y los ajos.
2. Rebane la moronga y en una sartén fríala unos minutos.
3. Vierta el caldo de frijol a la sartén. Baje la flama y deje cocer 15 minutos para que el frijol reseque un poco. Para servir, espolvoree con el cilantro. Acompañe con tortillas calientes.

Clemole

- 3/4 kg de carne de carnero en trozos
- 5 chiles pasilla
- 3 dientes de ajo
- 2 cucharadas soperas de ajonjolí
- 6 cominos
- 5 pimientas gordas
- 3 clavos de especia
- 1 raja de canela
- 1 jitomate
- 1 trozo de cebolla
- 1 rama de epazote
- 1 tortilla
- — manteca vegetal
- — sal

1. Cueza el carnero con agua suficiente para cubrirlo, con la cebolla y sal.
2. Tueste los chiles, el ajonjolí y la tortilla.
3. Ase el jitomate y los ajos; lícuelos con los chiles, el ajonjolí y la tortilla.
4. En una cazuela, fría en manteca los cominos, las pimientas, los clavos y la canela.
5. Agregue a la cazuela el jitomate licuado, el epazote y el carnero cocido y dos tazas del agua donde lo coció. Hierva unos 30 minutos hasta que sazone. Acompañe con tortillas.

CARNES
Falda con tocino

- 1/2 kg de falda de res
- 3 rebanadas de tocino
- 3 rebanadas de jamón
- 3 jitomates
- 2 dientes de ajo
- 1 trozo de cebolla
- — chile chipotle en vinagre, al gusto

1. Cueza la carne de res en suficiente agua. Deshébrela.
2. Pique el tocino y el jamón. Fríalos unos minutos.
3. Licue el jitomate con el ajo, el chile y la cebolla. Vierta sobre la fritura de tocino y sazone.
4. Agregue la carne deshebrada y un poco del agua donde la coció. Hierva unos minutos más y sirva. Acompañe con tortillas.

CARNES

Carne con papas

- 3/4 kg de retazo cortado en trozos
- 3 papas grandes
- 2 cucharadas soperas de harina
- 2 jitomates
- 1 trozo de cebolla
- 2 dientes de ajo
- 1 cucharada sopera de orégano en polvo
- — aceite para freír
- — sal y pimienta

1. Lave y cueza las papas; pártalas en mitades.
2. Licue el jitomate con el ajo, la cebolla, sal y pimienta.
3. Enharine los trozos de carne. En una sartén dórelos en poco aceite. Vierta el jitomate sobre la carne. Tape la sartén y cueza hasta que la carne esté tierna y se reseque la salsa.
4. Coloque en un platón. Acomode las papas alrededor de la carne y espolvoree con orégano.

CARNES

3/4	kg de carne molida de res
1	huevo
1	bolillo
1/2	taza de leche
3	zanahorias partidas en cuadritos
1	taza de ejotes partidos en cuadritos
2	dientes de ajo picados
—	yerbas de olor
—	sal y pimienta

Rollo de carne

1. Remoje el bolillo en leche.
2. Cueza ligeramente las verduras; escúrralas.
3. Mezcle la carne con el bolillo, el huevo, los ajos, sal y pimienta.
4. Extienda la carne sobre un trapo húmedo. Ponga las verduras encima y enróllela. Envuélvala con el trapo y amárrela.
5. Cueza la carne en agua hirviendo con las yerbas de olor durante unos 40 minutos. Desenvuelva y rebane.

Aves

Las distintas piezas del pollo, guajolote, pato, pichón, codorniz y faisán, entre otras aves, ofrecen grandes posibilidades culinarias para preparar varios guisos. Estos productos pertenecen al mismo grupo que las carnes rojas, el huevo, los productos lácteos y las leguminosas con los cuales deben alternarse. Aunque el pollo suele ser más barato que las carnes rojas, a veces esto es engañoso por la presencia de los huesos que predominan en algunas piezas.
Esa rica piel dorada del pollo rostizado o al horno contiene abundante colesterol: ¡cuidado con ella!, es mejor quitarla o no repetir su consumo frecuentemente. Utilice las recetas que se ofrecen en esta sección y otras que usted invente para hacer más variado el menú.

AVES
Pollo con fruta

2/3

- 1 pollo partido en piezas
- 3 rebanadas de piña picadas
- 2 zanahorias cortadas en cuadritos
- 1/2 taza de cacahuates
- 1/2 cebolla picada
- — aceite para freír
- — sal y pimienta

1. Lave las piezas de pollo y séquelas bien. Espolvoree con sal y pimienta. Dórelas en aceite. Apártelas.

2. En la misma grasa fría primero la cebolla hasta que se tranparente, y luego añada la piña, las zanahorias y los cacahuates. Baje la flama, regrese el pollo y añada una taza de agua. Tape la cacerola. Cueza hasta que el pollo esté tierno.

AVES

Pechugas con salsa

- 3 **pechugas de pollo partidas en mitades**
- 2 **dientes de ajo**
- 1 **trozo de cebolla**
- 1 **manojo chico de espinacas**
- 1 **manojo chico de berros**
- 2 **cucharadas soperas de harina**
- 1/2 **barrita de margarina**
- 1 **cucharada sopera de perejil picado**
- — **sal**

1. Cueza las pechugas con el ajo, la cebolla y sal, hasta que estén tiernas. Guarde el caldo.
2. Lave espinacas y berros, píquelos; cuézalos en poca agua y lícuelos para formar un puré.
3. En una sartén derrita la margarina, añada la harina. Mueva para que dore parejo. Agregue poco a poco 1/2 taza del caldo donde coció las pechugas (el caldo tiene que estar ya frío). Cueza hasta que espese.
4. Vierta sobre la sartén el puré de berros y espinacas. Mezcle.
5. Coloque las pechugas en un platón y báñelas con la salsa.

AVES
Pollo en cerveza

- *1* pollo cortado en trozos
- *2* cebollas
- *1* cerveza
- — yerbas de olor
- — aceite para freír
- — sal y pimienta

1. Parta las cebollas en rebanadas y dórelas en aceite; retírelas.

2. Dore las piezas de pollo. Baje la flama. Vierta la cerveza. Añada las yerbas de olor, sal y pimienta. Regrese la cebolla y cueza hasta que el pollo esté tierno.

3. Saque las piezas de pollo, escúrralas un poco, colóquelas en un platón y cubra con las rebanadas de cebolla. Acompañe con puré de manzana.

Mole con pollo

- 1 pollo partido en trozos
- 1 trozo de cebolla
- 1 taza de pasta de mole (negro, rojo, verde, poblano)
- 1 jitomate
- — aceite para freír
- — sal

1. Cueza los trozos de pollo en 4 tazas de agua con el trozo de cebolla y sal.
2. Licue el jitomate y fríalo en una cazuela con muy poco aceite. Sazone. Añada la pasta de mole y 3 tazas del agua donde coció el pollo. Mezcle. (Si el mole está muy picante, añada un trocito de chocolate.)
3. Al servir meta los trozos de pollo en la cazuela. Sirva caliente con arroz y frijoles.

AVES

AVES

Pollo en cacahuate

- 1 pollo cortado en trozos
- 1/2 taza de cacahuates
- 4 jitomates
- 1 clavo de especie
- 4 pimientas gordas
- 1 raja de canela
- 1 diente de ajo
- 1 cebolla
- 1 taza de chícharos sin vaina
- 1 pizca de azúcar
- 10 aceitunas
- — aceite para freír
- — sal

1. Cueza el pollo con los chícharos en 6 tazas de agua con ajo, cebolla y sal hasta que todo esté tierno.
2. Dore los cacahuates.
3. Ase el jitomate, lícuelo con los cacahuates, las pimientas, la canela, el clavo y el azúcar.
4. Fría el jitomate licuado en una cazuela hasta que sazone. Añada los chícharos, el pollo y media taza del caldo donde lo coció. Hierva unos 10 minutos. Añada las aceitunas y sirva.

AVES

Menudencias con tocino

- 4 hígados de pollo
- 4 mollejas
- 3 rebanadas de tocino picado
- 2 papas
- 1 cebolla picada
- 12 tortillas chicas
- 1 cucharada sopera de cilantro picado
- 3 jitomates
- 2 dientes de ajo
- — chile serrano picado

1. Cueza las papas, pélelas y pártalas en cuadritos.
2. Lave hígados y mollejas; pártalos en pedazos chicos.
3. Licue el jitomate con el ajo.
4. Fría el tocino. Cuando suelte un poco de grasa, fría ahí la cebolla hasta que transparente. Añada los hígados, las mollejas y las papas cocidas; siga friendo unos 5 minutos y vierta el jitomate licuado y añada el chile. Baje la flama y cueza hasta que todo esté sazonado. Coloque en un platón sobre las tortillas calientes. Al servir espolvoree con cilantro picado.

AVES

Higaditos con uvas

- 12 hígados de pollo
- 1 racimo de uvas sin semilla
- 6 rebanadas de pan integral
- 1 cucharada sopera de harina de trigo
- 1/2 taza de brandy
- — aceite para freír
- — sal y pimienta

1. Lave bien los hígados. Pártalos a la mitad. Espolvoree con sal y pimienta.
2. Disuelva la harina en media taza de agua fría.
3. Pele las uvas y pártalas a la mitad.
4. En una sartén, fría los hígados en aceite durante unos 10 minutos. Sin dejar de mover, agregue la harina disuelta. Cueza unos 10 minutos más y vierta el brandy. Baje la flama. Añada las uvas y cueza 2 o 3 minutos.
5. Tueste el pan. Coloque una porción de hígado con uvas sobre cada tostada.

Pescados y mariscos

Las muy extensas costas de nuestro país ofrecen una gran variedad de pescados y mariscos que los mexicanos no aprovechamos plenamente por temores equivocados o falta de costumbre. El guachinango, el robalo, la sierra, la mojarra son muy sabrosos pero no los únicos; hay decenas de variedades igualmente nutritivas y ricas que debemos experimentar. Muchos desprecian el pescado congelado, pero la congelación no altera su valor nutritivo ni su sabor y en cambio permite que se disfrute del pescado en sitios que están lejanos del mar, de los ríos o los lagos, sin que se descomponga; aun en la costa mucho del pescado es congelado y ésta es una garantía para la salud.
Alterne lo más posible la carne con el pescado, cuidando únicamente de que esté en buen estado. Ofrézcalo sin temor a los niños, aun a los pequeños, pero quítele antes las espinas o utilice cortes o especies —como el cazón— que no las tengan.
Los mariscos, por su precio elevado y alto contenido de colesterol, son para ocasiones especiales.

PESCADOS
Pescado en pasilla

6 rodajas de pescado
6 chiles pasilla
2 dientes de ajo
6 tomates
— aceite para freír
— sal y pimienta

1. Lave el pescado.
2. Tueste, desvene y remoje los chiles.
3. Tueste los tomates y lícuelos con los chiles y el ajo. Fría hasta que sazone.
4. Añada el pescado, sal, pimienta y una taza de agua. Hierva unos 15 minutos y sirva con frijoles refritos.

PESCADOS

Pastel de sardina

1 **lata de sardina en tomate**
6 **papas**
1 **manojo de espinacas**
1 **huevo**
1 **taza de leche**

1. Cueza las espinacas, escúrralas y lícuelas.
2. Cueza las papas, pélelas y prénselas. Añada la leche, el huevo y las espinacas. Forme un puré terso de color verde claro.
3. Engrase un molde refractario o una cazuela. Coloque el puré al fondo y encima las sardinas desmenuzadas y su caldo.
4. Hornee unos 15 minutos, o tape la cazuela y caliente sobre la estufa en baño maría unos 20 minutos.

PESCADOS
Pescado en salsa poblana

- 6 rodajas o filetes de pescado
- 6 chiles poblanos
- 2 dientes de ajo
- 1 trozo de cebolla
- 1/2 taza de requesón
- — aceite para freír
- — sal

1. Ase, pele y desvene los chiles. (Remójelos en agua con sal, si no quiere que piquen.) Licuelos con el ajo y la cebolla. Fría la salsa en aceite hasta que sazone. Añada sal, una taza de agua y el requesón. Mezcle.

2. Lave los trozos de pescado. Cuézalos en la salsa durante unos 30 minutos. Acompañe con arroz blanco.

PESCADOS

Pescado en tortilla

- 6 filetes de pescado
- 6 tortillas
- 2 jitomates
- 1 trozo de cebolla
- 10 aceitunas picadas
- 2 dientes de ajo
- — chile serrano al gusto
- — sal y pimienta

1. Ase el chile y el jitomate. Licuelos con el ajo y la cebolla. Fría hasta que la mezcla sazone. Añada las aceitunas, sal, pimienta y media taza de agua.
2. Lave los filetes de pescado. Desmenúcelos. Cuézalos en la salsa anterior durante quince minutos.
3. Coloque las tortillas en un platón. Cúbralas con la mezcla de pescado cocido. Acompañe con frijoles de la olla.

PESCADOS

Pescado con mayonesa

- 6 filetes de pescado
- 1 manojo de berros picados
- 1 taza de mayonesa
- 6 dientes de ajo
- 2 cucharadas soperas de crema
- 6 rábanos
- sal

1. Licue los berros, la mayonesa y los ajos con la crema. Enfríe.
2. Lave los rábanos y hágales pequeños cortes.
3. Cueza los filetes en muy poca agua con sal. Escurra y coloque en un platón; bañe con la salsa y adorne con los rábanos.

PESCADOS 2/3

Truchas rellenas

- 6 truchas chicas
- 6 ramas de apio picadas
- 1 cebolla picada
- 1/2 taza de caldo
- 1/2 lechuga
- — margarina para freír
- — jugo de 1 limón
- — sal y pimienta

1. Fría el apio y la cebolla en margarina.

2. Rellene las truchas con la fritura y espolvoree con sal y pimienta.

3. Coloque una capa de lechuga en el fondo de un refractario. Acomode las truchas rellenas encima. Vierta el caldo y cubra con el resto de las hojas de lechuga.

4. Hornee unos 30 minutos a fuego medio. Quite las hojas de lechuga de encima, ponga unas gotas de limón sobre el pescado y sirva caliente.

PESCADOS

1, 2 Pescado en salsa de margarina

- 6 rodajas de pescado
- 1/4 barrita de margarina
- 1 cucharada sopera de harina
- 1 diente de ajo
- 2 tazas de leche
- 1 pizca de pimentón
- — sal y pimienta

1. Coloque el pescado en una cacerola con media taza de agua y un diente de ajo. Tape y hierva unos 15 minutos.

2. Derrita la margarina y dore en ella la harina, sin dejar de mover. Vierta la leche, poco a poco, y siga moviendo para que no se formen grumos. Añada sal y pimienta.

3. Coloque el pescado en un platón, vierta la salsa encima y espolvoree con pimentón.

PESCADOS

Pescado en comal

- 6 pescados chicos
- 6 rebanadas de bolillo
- 1 vaso de cerveza
- 6 dientes de ajo
- 6 cucharadas cafeteras de aceite
- 1 cucharada sopera de pan molido
- 2 hojas de plátano
- — el jugo de 1 limón
- 1 rama de epazote
- — sal y pimienta

1. Lave las hojas de plátano. Áselas ligeramente sobre la lumbre directa.
2. Remoje las rebanadas de bolillo en un vaso de cerveza unos minutos.
3. Lave los pescados, séquelos, úntelos de aceite y báñelos con el jugo de limón. Espolvoree con sal, pimienta y pan molido.
4. Rellene cada pescado con una rebanada de bolillo remojada, un diente de ajo y una hoja de epazote.
5. Envuelva los pescados con trozos de hoja de plátano.
6. Cueza a fuego muy bajo sobre el comal unos 15 minutos, volteando de vez en cuando.

MARISCOS
Mejillones al laurel

1/2 kg de mejillones
1 cucharada sopera de harina
1 taza de consomé
2 dientes de ajo picados
1 cucharada sopera de cebolla picada
2 hojas de laurel
1/2 vaso de vino blanco
— aceite para freír
— sal y pimienta

1. Lave los mejillones. Escúrralos.
2. Disuelva la harina en el consomé.
3. En una cazuela con poco aceite, fría la cebolla y el ajo unos 5 minutos. Añada los mejillones y fría unos minutos más.
4. Vierta el consomé y el vino. Añada las hojas de laurel, sal y pimienta. Mezcle y tape la cazuela. Cueza a fuego bajo hasta que espese la salsa. Mueva ocasionalmente.
Acompañe con arroz hervido.

Tortas de camarón

MARISCOS

- 2 **cucharadas soperas de polvo de camarón**
- 1/2 **taza de arroz**
- 3 **huevos**
- 2 **jitomates**
- 1/2 **cebolla**
- 2 **dientes de ajo**
- 1 **aguacate**
- — **chile serrano al gusto**
- — **aceite para freír**

1. Enjuague el arroz y cuézalo en dos tazas de agua hasta que esté tierno y se haya consumido el agua. Si hace falta, añada agua caliente.

2. Bata los huevos y mézclelos con el arroz y el polvo de camarón.

3. Ponga cucharadas de la mezcla en aceite y fría de los dos lados para formar las tortas. Con una servilleta de papel quite el exceso de grasa y colóquelas en un platón.

4. Pique el jitomate, los ajos, la cebolla, el aguacate y el chile. Póngalo encima de las tortas.

MARISCOS

Pulpo con yerbas

- 2 kg de pulpo
- 1 taza de vino blanco
- 1 ramito de yerbas de olor
- 1 trozo de cebolla
- 2 dientes de ajo
- 6 zanahorias cortadas en cuadritos
- — margarina para freír
- — perejil
- — sal

1. Lave bien los pulpos y cuézalos unos 40 minutos en olla exprés con la cebolla, el ajo y las yerbas de olor.

2. Cuando los pulpos estén cocidos, despelléjelos y córtelos en trozos.

3. En una sartén fría las zanahorias en margarina. Añada los pulpos y sal. Baje la flama y vierta el vino. Cueza 10 minutos más. Espolvoree con perejil.

MARISCOS

Ostiones al horno

- 6 docenas de ostiones
- 6 rebanadas de tocino
- 1 jitomate picado
- 1 cebolla picada
- 1 taza de queso rallado
- 6 trocitos de margarina
- 3 cucharadas soperas de perejil picado
- 6 rebanadas de pan integral
- — sal y pimienta

1. Tueste las rebanadas de pan.
2. Pique el tocino y fríalo. Añada la cebolla, el jitomate y el perejil. Sazone. Vierta los ostiones y fría un poco más; agregue sal y pimienta.
3. En cada tostada, ponga un trocito de margarina, reparta la mezcla de ostión y espolvoree con queso.
4. Coloque las tostadas en un refractario ligeramente engrasado y hornee 10 minutos a fuego alto.

MARISCOS

Camarones al pulque

- 1/2 kg de camarón pacotilla
- 1 1/2 **vasos de pulque**
- 1 **jícama**
- 4 **chiles pasilla**
- 2 **dientes de ajo**
- 1 **aguacate**

1. Tueste, desvene y remoje los chiles en pulque durante unos 20 minutos. Muélalos con el ajo.

2. Lave, pele y parta la jícama en cuadritos.

3. Lave los camarones y colóquelos en un platón junto con la jícama. Báñelos con la salsa.

4. Sirva con rebanadas de aguacate.

Postres y bebidas

Vistosos y atractivos, los postres constituyen una tentación al paladar y un estímulo a la imaginación a los que es difícil resistirse, pero conviene limitar su consumo a ocasiones especiales, porque a menudo contienen una elevada concentración de energía, grasas, huevo y azúcar que hacen difícil mantener el peso bajo control o que elevan la cuota permisible de ingestión de colesterol y grasas saturadas.

Para prepararlos prefiera harinas integrales y no las refinadas, evite la mantequilla y en todo caso use margarina, utilice el menor número posible de yemas y poca azúcar.

POSTRES
Puré de zapote

4 zapotes maduros
3 naranjas
1 limón

1. Pele el zapote, ponga en un recipiente con jugo de naranja y limón. Forme un puré. Enfríe y sirva.
Endulce si es necesario.

Dados de melón

2 melones
2 tazas de jugo de naranja
1 cucharada cafetera de yerbabuena picada
1/2 taza de vino blanco

1. Pele y parta los melones en forma de dado (no desperdicie su jugo).
2. Mezcle el jugo de naranja con el melón y el vino. Sumerja ahí los dados de melón.
3. Sirva en plato hondo y espolvoree con yerbabuena.

POSTRES 1

Lenguas de gato

- 1/2 **taza de harina de trigo**
- 1/2 **taza de azúcar**
- 1/2 **barrita de margarina**
- 2 **claras de huevo**
- 1 **cucharada cafetera de ralladura de naranja**

1. Caliente el horno a fuego alto.
2. Bata unos minutos la margarina, el azúcar y la ralladura. Añada las claras. Siga batiendo y agregue poco a poco la harina. Deje reposar la masa unos 10 minutos.
3. Haga una perforación del grueso de un cigarro en una bolsa de plástico. Rellene la bolsa con la masa y forme las lenguas de gato sobre una charola de hornear, presionando suavemente la bolsa para que la masa salga por el agujero. Deje distancia entre unas y otras.
4. Hornee hasta que doren las lenguas en la parte inferior. Despéguelas antes de que se enfríen para que no se rompan.

POSTRES

Churros caseros

1 taza de harina
1 pizca de sal
1 taza de azúcar
— aceite para freír

1. Disuelva la harina en 1 1/2 tazas de agua fría con sal. Póngala al fuego y bata hasta que quede una pasta gruesa que se desprenda del cazo.
2. Coloque la mezcla en una bolsa de plástico con un orificio del grueso de un dedo, en el extremo.
3. Caliente una sartén con 2 tazas de aceite.
4. Para formar los churros, presione la bolsa con la mezcla sobre el aceite caliente. Fríalos hasta que doren. Saque, escurra el exceso de grasa en una servilleta y revuelque en azúcar.

POSTRES

Bolitas de cacahuate

- 1/2 taza de mantequilla de cacahuate
- 1/2 taza de miel
- 1 taza de leche en polvo
- 3 cucharadas soperas de cacahuates picados
- 3 cucharadas soperas de pasas picadas

1. Mezcle pasas y cacahuates picados.
2. Mezcle la mantequilla de cacahuate y la miel. Añada la leche en polvo y haga bolitas. Revuélquelas en la mezcla de cacahuate y pasas. Refrigere una hora antes de servir.

POSTRES

3

Paletas de plátano

3 plátanos tabasco
1 caja chica de gelatina de limón
1/2 taza de agua
1 taza de gragea
1 melón
6 palos para paleta

1. En una sartén, a fuego medio, disuelva la gelatina con media taza de agua, hasta formar una miel espesa.
2. Pele los plátanos, pártalos a la mitad, a lo ancho, e introduzca un palo de paleta en cada mitad.
3. Parta el melón por mitades, saque las semillas. Corte una pequeña rebanada de la parte inferior para poder asentarlos bien en un plato.
4. Bañe las paletas con la miel de gelatina, revuélquelas en gragea y clávelas en los medios melones.

Brocheta de fruta

POSTRES 3

- 1 plátano
- 1 manzana
- 1 naranja
- 6 fresas
- 1 rebanada de piña
- 12 cuadritos de queso
- 1/2 melón

1. Lave y desinfecte la fruta.
2. Pele el plátano y córtelo en rodajas.
3. Forme bolitas de melón con una cuchara.
4. Rebane la manzana y la naranja.
5. Ensarte las frutas en palos de paleta, alternándolas. Ponga trozos de queso al principio y al final.

Puede bañar con miel, yogurt o gotas de limón y usar cualquier otra fruta disponible.

POSTRES
Piña en cazuela

- 1 piña
- 2 manzanas
- 1/2 panocha de piloncillo
- 1 taza de jugo de naranja
- 2 cucharadas soperas de pasas

1. Parta el piloncillo en pequeños trozos.
2. Pele la piña y rebánela. Conserve el jugo.
3. Pele las manzanas y pártalas en gajos.
4. En una cazuela coloque las rebanadas de piña; ponga sobre ellas gajos de manzana.
5. Esparza las pasas, los trozos de piloncillo y vierta los jugos de naranja y piña sobre la cazuela. Tápela. Cueza a fuego muy bajo durante unos 30 minutos.

POSTRES

Donas de papa

- 3 papas
- 1 naranja
- 4 tazas de harina integral
- 1 taza de azúcar
- 2 huevos
- 1 cucharada cafetera de polvo de hornear
- 1 1/2 barritas de margarina
- — canela en polvo
- — aceite para freír

1. Cueza las papas, pélelas y prénselas.
2. Ralle la cáscara de la naranja y luego exprímala para obtener el jugo.
3. Bata el azúcar, la margarina y los huevos hasta que esponje.
4. Agregue la harina, el polvo de hornear, el jugo, la ralladura de la naranja y la papa prensada. Mezcle hasta obtener una pasta suave.
5. Enharine una superficie y extienda la masa con el rodillo hasta que quede del grueso de su dedo meñique.
6. Con un vaso grande y uno chico forme aros de masa.
7. Fría los aros en aceite muy caliente, para formar las donas, y colóquelas sobre papel de estraza para quitar el exceso de grasa.
8. Espolvoree las donas con canela.

POSTRES

Pastel de anís

- 2 tazas de harina
- 3 huevos
- 1 cucharada cafetera de polvo de hornear
- 1 cucharada cafetera de ralladura de naranja
- 1 cucharada sopera de esencia de anís
- 2 tazas de azúcar morena

1. Bata las claras a punto de turrón, agregue la harina, el polvo de hornear, la ralladura de naranja y una taza de azúcar y las yemas. Siga batiendo hasta obtener una pasta uniforme.
2. Engrase y enharine un molde. Vacíe la mezcla.
3. Hornee a fuego medio durante unos 30 minutos o hasta que, al introducir un palillo en la masa, éste salga seco.

Para hacer la miel:
Hierva dos tazas de agua. Agregue una taza de azúcar y la esencia de anís; siga moviendo hasta que se forme una miel ligera. Desmolde el pan, píquelo con un tenedor y báñelo con la miel.

Bizcocho con pasas

POSTRES 1/2

1 lata de leche condensada
2 huevos
1 1/2 tazas de harina
1 cucharada cafetera de polvo de hornear
1/2 taza de pasas
— aceite

1. Licue todos los ingredientes, salvo las pasas, hasta que se mezclen bien. Coloque en un recipiente.
2. Enharine ligeramente las pasas y añádalas a la mezcla.
3. Engrase y enharine moldes individuales y llénelos a la mitad con la mezcla.
4. Hornee a fuego medio hasta que se cueza la masa. Los bizcochos estarán listos cuando, al picar con un palillo, éste salgo seco.
(Puede usar papel encerado y no necesitará engrasar el molde.)

POSTRES

Postre de manzana

- 1/2 **kg de pasta de hojaldre**
- 1 **taza de puré de manzana**
- 1 **yema de huevo**
- 1 **cucharada cafetera de azúcar**

1. Caliente el horno a fuego medio.
2. Enharine una superficie y con el rodillo extienda la masa hasta que quede del grueso de su dedo meñique.
3. Coloque una capa de puré de manzana sobre la masa.
4. Forme un rollo, barnícelo con la yema, espolvoree con azúcar y hornee hasta que dore la masa. El rollo adquiere forma rectangular.

POSTRES

Pan de maíz

- 2 tazas de harina de maíz
- 2 tazas de harina de trigo
- 1 taza de azúcar
- 4 cucharadas cafeteras de polvo de hornear
- 1 barrita de margarina
- 2 tazas de leche
- 2 huevos
- 1 cucharada cafetera de sal

1. Cierna las harinas con el polvo de hornear. Añada el azúcar, la sal, los huevos y la leche. Bata para formar una pasta.
2. Derrita la margarina y agréguela a la pasta. Siga batiendo hasta que todo quede bien mezclado.
3. Engrase y enharine un molde; vierta la masa y hornee a fuego alto durante unos 40 minutos, o hasta que pueda introducir un palillo y salga seco.

POSTRES

Pastel de zanahoria

3 tazas de zanahoria rallada
4 huevos
1 taza de harina
1 taza de aceite
1 cucharada cafetera de sal
1 cucharada sopera de esencia de vainilla
1 cucharada sopera de bicarbonato
1 taza de azúcar

1. Bata los huevos. Añada el aceite, el azúcar, la zanahoria y la esencia de vainilla. Mezcle.
2. Cierna la harina con el bicarbonato y la sal. Agréguelo a la mezcla anterior. Bata unos minutos más y vierta en un molde engrasado y enharinado.
3. Hornee durante unos 30 minutos a fuego medio.
Se puede servir cubierto de yogurt batido.

Guayabas en almíbar

POSTRES

12 **guayabas**
1/2 **taza de azúcar**
1 **raja de canela**

1. Lave las guayabas y pártalas a la mitad.
2. Mezcle el azúcar en 4 tazas de agua.
3. Hierva el agua con la raja de canela y las guayabas, hasta que estén suaves.

BEBIDAS
Aguas frescas

De plátano
3 plátanos maduros

De tuna
8 tunas blancas peladas

De fresa
2 tazas de fresas lavadas y desinfectadas

De guayaba
8 guayabas

De mango
2 mangos

1. Hierva 9 tazas de agua durante 10 minutos. Enfríe.
2. Lave la fruta y parta la pulpa en pedazos.
3. Licue la fruta con el agua hervida; refrigere y sirva con cualquier comida. Endulce con miel si es necesario.

Contenido de los demás volúmenes de la serie

...y la comida se hizo
1. fácil

- 9 Presentación
- 11 *Notas sobre la comida en el México antiguo*
- 25 Generalidades

27 Sopas y huevos
- 28 Sopa de tortilla
- 29 Sopa de fideo
- 30 Sopa de verduras
- 31 Sopa de frijol
- 32 Sopa de pan
- 33 Sopa de lenteja
- 34 Sopa de malva/Salsa verde
- 35 Sopa de melón
- 36 Crema de jitomate
- 37 Crema de berros
- 38 Caldo de pollo
- 39 Caldo de res
- 40 Caldo largo de pescado
- 41 Mole de olla
- 42 Arroz rojo integral
- 43 Espagueti marinera
- 44 Chilaquiles verdes
- 45 Huevos al horno/Huevos con plátano
- 46 Huevos rancheros

47 Antojitos
- 48 Quesadillas de huitlacoche
- 49 Quesadillas de garbanzo
- 50 Enchiladas zacatecanas
- 51 Tacos de Sonora
- 52 Tacos sudados
- 53 Tamales y nacatamales
- 54 Molotes potosinos

55 Verduras y salsas
- 56 Camotes al horno/Puré de papa
- 57 Calabacitas al vapor/Chayotes empanizados
- 58 Zanahorias en cazuela
- 59 Rajas con champiñones
- 60 Jitomates rellenos
- 61 Berenjenas gratinadas
- 62 Chiles en escabeche
- 63 Chiles en vinagre

131

64 Ensalada de espinacas
65 Ensalada de pepinos
66 Guacamole en molcajete/Guacamole rojo
67 Salsa mexicana/Salsa ranchera
68 Salsa de pasilla/Salsa de chipotle
69 Mayonesa rápida
70 Vinagreta
71 Yogurt casero
72 Ensalada fría de yogurt/Aderezo de yogurt

73 Carnes

74 Carne tampiqueña
75 Coachala
76 Bisteces con cerveza
77 Cuete mechado
78 Tortas de carne
79 Milanesas de ternera
80 Ternera en adobo
81 Albóndigas económicas
82 Espinazo con calabazas
83 Carnitas
84 Manchamanteles
85 Chicharrón con nopales
86 Tinga
87 Tatemado de puerco
88 Pastel de puerco
89 Lomo en cacahuate
90 Lengua en adobo
91 Riñones al piñón
92 Ubre empanizada

93 Aves

94 Pollo en su jugo
95 Pollo con yerbabuena
96 Pollo en salsa verde
97 Croquetas de pollo
98 Pechugas con tocino
99 Crepas con higaditos
100 Ensalada de pollo
101 Pichones al chipotle
102 Pato con soya

103 Pescados y mariscos

104 Mojarras en mantequilla
105 Budín de sardina
106 Truchas con ajonjolí
107 Robalo en epazote
108 Sierra en escabeche
109 Pescado al mojo isleño
110 Pescado panadera
111 Milanesas de pescado

112 Huachinango a la veracruzana
113 Almejas en cazuela
114 Pulpos

115 Postres
116 Gelatina de guayaba
117 Manzanas al horno/Plátanos al horno
118 Papaya en dulce/Dulce de capulín
119 Postre de camote y piña
120 Arroz integral con leche
121 Postre de limón
122 Chongos zamoranos
123 Cajeta quemada
124 Cocada horneada/Dulce de jícama
125 Fresas al rompope
126 Postre de chicozapote
127 Postre de café
128 Galletas de piloncillo
129 Polvorón de cacahuate
130 Pastel fácil/Betún rápido
131 Rompope
132 Café
133 Chocolate mexicana/Chocolate vienés
Chocolate española/Chocolate con helado
134 Atole blanco/Atole de frutas

...y la comida se hizo
2. económica

9 Presentación
11 *Notas sobre la comida en el México colonial*
25 Generalidades

27 Sopas y huevos
28 Sopa de elote
29 Sopa de huevo
30 Sopa de avena
31 Sopa de albondiguitas
32 Sopa de higaditos
33 Sopa tarasca
34 Sopa de ostiones
35 Caldo de pescado
36 Caldo de camarón
37 Caldo tlalpeño
38 Caldillo durangueño
39 Macarrón con sesos
40 Fabada
41 Moros con cristianos
42 Budín de tamal
43 Budín de longaniza
44 Chilaquiles sinaloenses

45 Huevos perdidos
46 Huevo al hoyo

47 Antojitos
48 Corundas
49 Tacos potosinos
50 Tacos de acociles/Tostadas con zanahoria
51 Tlacoyos hidalguenses
52 Picadas veracruzanas
53 Chalupas de pollo
54 Empanadas de cazón

55 Verduras y salsas
56 Nopalitos navegantes
57 Quintoniles en su jugo/Hongos con arroz
58 Habas con huevo
59 Papas chirrionas
60 Papas rellenas
61 Hongos con hierbas/Hongos en pasilla
62 Chiles rellenos
63 Flores rellenas
64 Chayotes al horno
65 Ensalada de ejotes/Ensalada de coditos
66 Ensalada de arroz
67 Zanahorias con yogurt/Ensalada de col
68 Chilacas con queso
69 Acelgas con limón
70 Chilacayotes en pipián
71 Salsa de catarino/Salsa de morita
72 Salsa de ajo

73 Carnes
74 Liebre en pulque
75 Costillas de res
76 Carne mexicana
77 Picadillo
78 Pata de res con habas
79 Guasmole
80 Puerco con calabazas
81 Puerco con quelites
82 Manitas de puerco
83 Rollo de chicharrón
84 Menudo
85 Chorizo casero
86 Rellena en jitomate
87 Moronga encebollada
88 Hígado con laurel
89 Riñones en jitomate
90 Corazón de ternera
91 Ubre en caldillo
92 Tortitas de sesos

93 Aves
    94 Pollo con cebollitas
    95 Pollo en chipotle
    96 Pipián rojo con pollo
    97 Cazuela de pollo
    98 Gallina al ajo
    99 Pollo con chochoyotes
    100 Alas con mostaza
    101 Pollo relleno de chorizo
    102 Higaditos empanizados/Higaditos al chipotle

103 Pescados y mariscos
    104 Lubina en salsa roja
    105 Brocheta de pescado
    106 Buñuelos de pescado
    107 Robalo estilo Guerrero
    108 Bolitas de pescado
    109 Sardinas rancheras
    110 Boquerones
    111 Charales entomatados
    112 Cazón a la campechana
    113 Ostiones en escabeche
    114 Ostiones empanizados

115 Postres
    116 Pastel de fresa
    117 Pan de limón
    118 Pan de plátano
    119 Peras cubiertas
    120 Dulce de mango/Gelatina batida
    121 Natilla/Puré de manzana
    122 Gelatina de cuadros
    123 Capirotada
    124 Chancacudas
    125 Budín de pan
    126 Dulce de pinole
    127 Alfajor de coco
    128 Cascaritas de naranja
    129 Bigotes de arroz
    130 Palanqueta de nuez
    131 Merengues
    132 Compota de ciruelas/Tejocotes de miel
    133 Ponche de ciruelas/Ponche de granada
    134 Horchata de arroz/Agua de alfalta
         Agua de jamaica

...y la comida se hizo
3. rápida

  9 Presentación
  11 *Notas sobre la comida en el México independiente*

25 Generalidades

27 Sopas y huevos
    28 Sopa de lechuga
    29 Sopa de riñones
    30 Sopa de aguacate/Sopa de plátano
    31 Sopa de sémola
    32 Sopa de sesos
    33 Sopa de elote
    34 Sopa de jericalla
    35 Sopa de habas
    36 Sopa de cebada perla
    37 Sopa de almejas
    38 Caldo xóchitl
    39 Caldo de queso
    40 Caldo michi
    41 Caldo de mariscos
    42 Macarrones con queso
    43 Tallarines con espinacas
    44 Tortilla de huevo
    45 Huevos rellenos
    46 Chilaquiles con huevo

47 Antojitos
    48 Peneques
    49 Tacos de escamoles
    50 Tacos laguneros
    51 Gorditas de frijol
    52 Botana de chicharrón
    53 Enchiladas rojas
    54 Tamales de chícharos

55 Verduras y salsas
    56 Nopales rellenos
    57 Tomates fritos
    58 Coles de Bruselas
    59 Coliflor al horno
    60 Espinacas con crema
    61 Aguacates con tocino
    62 Anillos de cebolla
    63 Hongos en salsa verde
    64 Ensalada de papa
    65 Ensalada de zanahoria/Berenjenas fritas
    66 Ensalada de berros
    67 Ensalada César
    68 Ensalada de lentejas
    69 Elote con longaniza
    70 Frijoles fronterizos
    71 Salsa de yogurt
    72 Salsa de tijera

73 Carnes

- 74 Salpicón
- 75 Asado en olla exprés
- 76 Hamburguesas
- 77 Aguayón fácil
- 78 Bisteces con chorizo
- 79 Bisteces con cacahuate
- 80 Machaca ranchera/Tortillas de harina
- 81 Cecina con jitomate
- 82 Chicharrón con jitomate
- 83 Lomo en guayaba
- 84 Chuletas con col
- 85 Chuletas con hongos
- 86 Riñones flameados
- 87 Riñones con limón
- 88 Hígado con tocino/Sesos con perejil
- 89 Hígado en naranja/Rollos de jamón
- 90 Jamón con requesón/Rollo de jamón y pasas
- 91 Gelatina con jamón
- 92 Salchichas con tocino/Jamón con alfalfa

93 Aves

- 94 Pollo al achiote
- 95 Pollo en salsa de queso
- 96 Pollo jalapeño
- 97 Pollo en salsa de avena
- 98 Ensalada de pollo
- 99 Pollo Tepic
- 100 Huilotas en guajillo
- 101 Pato a la veracruzana
- 102 Paté de higaditos

103 Pescados y mariscos

- 104 Pescado relleno
- 105 Sierra con zanahorias
- 106 Huachinango en naranja
- 107 Huachinango en mostaza
- 108 Pescado al laurel/Pescado con chile
- 109 Almejas al chile verde
- 110 Ostiones Alvarado
- 111 Ceviche
- 112 Jaiba al horno
- 113 Fuente marinera
- 114 Langostinos con salsa

115 Postres

- 116 Compota de peras/Compota de membrillo
- 117 Vainilla con fresas
- 118 Cajeta de mango
- 119 Postre de mamey

120 Gelatina de rompope
121 Gelatina de tuna
122 Merengue de piña
123 Copas de chocolate
124 Sopa borracha
125 Dulce de elote
126 Pastel blanco
127 Betún de chocolate/Betún de miel
128 Pastel de chocolate
129 Galletas caseras
130 Agua de tamarindo
131 Néctar de naranja/Néctar de durazno
132 Licuado de ciruela/Refresco de manzana
133 Tepache/Sangrita
134 Pulque curado

...y la comida se hizo
4. para celebrar

9 Presentación
11 *Notas sobre la comida en el México actual*
25 Generalidades

27 Sopas y huevos
    28 Sopa de huitlacoche
    29 Sopa de flor
    30 Sopa de bolitas
    31 Sopa de médula
    32 Sopa de pepita
    33 Sopa de cacahuate
    34 Sopa de betabel
    35 Sopa de cebolla
    36 Sopa de lima
    37 Sopa de manzana
    38 Sopa de hueva de pescado
    39 Puchero de pescado
    40 Pozole
    41 Jaibas en chilpachole
    42 Paella
    44 Chilaquiles al horno
    45 Rabo de mestiza
    46 Huevo con machaca

47 Antojitos
    48 Salbutes
    49 Quesadillas de lomo
    50 Tamalitos de pescado
    51 Tamal de chaya
    52 Sopes de Colima
    53 Enchiladas de verduras

54 Papadzules

55 Verduras y salsas

56 Budín de huitlacoche
57 Rosca de papa
58 Romeritos
59 Camote en chile ancho
60 Chiles en nogada
62 Croquetas de coliflor
63 Budín de ejotes
64 Chícharos con almendras
65 Rollitos de col
66 Huauzontles capeados
67 Alcachofas al horno
68 Verdolagas al vapor
69 Ensalada de naranja
70 Ensalada de Navidad
71 Salsa de tuétano/Salsa brava
72 Salsa a la crema/Salsa borracha

73 Carnes

74 Pierna en sidra
76 Cochinita pibil
77 Pierna en adobo
78 Carne enrollada
79 Conejo en mostaza
80 Barbacoa
82 Pierna de carnero
83 Birria
84 Mixiotes
85 Albondigón
86 Cabrito en chile ancho
87 Cabrito en cerveza
88 Lengua en pipián
89 Lengua en naranja
90 Sesos en mantequilla
91 Tarta de riñones
92 Mondongo

93 Aves

94 Mole negro de Oaxaca
96 Pavo de Navidad
98 Pollo en pipián
99 Gallina almendrada
100 Pechugas con elotes
101 Pollo en mandarina
102 Pato en escabeche

103 Pescados y mariscos

104 Rollos de pescado
105 Pescado en chipotle

106 Cazón de Navidad
107 Paté de pescado
108 Hueva de pescado
109 Pescado con mariscos
110 Rosca de camarón
111 Coco con mariscos
112 Ancas de rana
114 Calamares en su tinta

115 Postres
116 Buñuelos
117 Calabaza en tacha
118 Rosca de reyes
119 Jericalla
120 Flan de fiesta
121 Piña dorada
122 Duraznos con fresa/Postre de frutas secas
123 Turrón de almendra
124 Jamoncillo de jamón
125 Almendrados
126 Dulce de nuez
127 Torrejas de almendra
128 Huevos reales
129 Pan de canela
130 Pan de muerto
131 Crepas con cajeta
132 Gelatina con fruta
133 Bebida tropical
134 Ponche de Navidad

...y la comida se hizo
5. equilibrada

9 Presentación
11 *Fundamento de una dieta equilibrada*
24 Combine bien sus recetas

25 Sopas
26 Sopa de garbanzo
27 Sopa de granos de elote
28 Sopa de ajo y ostión
29 Sopa de cerveza
30 Sopa de naranja
31 Sopa de menudencias
32 Sopa de almeja
33 Crema de pescado
34 Crema de coliflor
35 Gazpacho
36 Alubias con salchicha
37 Arroz con col

    38 Arroz verde
    39 Rosca de arroz
    40 Espagueti con carne

41 Huevos
    42 Huevos con puré de papa
    43 Huevos ahogados
    44 Huevos sobre tostadas
    45 Huevos con atún
    46 Huevos con pimientos

47 Antojitos
    48 Bollos de frijol
    49 Enfrijoladas
    50 Tacos de cascarita
    51 Sincronizadas
    52 Enchiladas de requesón
    53 Tortas de sardina
    54 Tacos de chorizo y papa
    55 Molletes de frijol
    56 Uchepos

57 Verduras, ensaladas y salsas
    58 Puré de lenteja
    59 Rosca de frijol
    60 Habas con tocino
    61 Chícharos con jamón
    62 Quelites con jitomate
    63 Pimientos rellenos
    64 Cebollas horneadas
    65 Lentejas en adobo
    66 Apio en mantequilla
    67 Betabeles rellenos
    68 Cazuela de papa
    69 Calabacitas con elote
    70 Ensalada de nopales
    71 Ensalada de arroz y apio
    72 Ensalada de higaditos
    73 Ensalada de soya
    74 Ensalada de frijol
    75 Ensalada de pescado
    76 Ensalada de jícama
    77 Ensalada de melón y berro
    78 Ensalada de pimientos
    79 Ensalada de piña
    80 Chipotles dulces
    81 Chiles verdes toreados
    82 Salsa roja/Salsa blanca

83 Carnes
    84 Hígado con verduras

- 85 Cerdo con nopales
- 86 Chicharrón con garbanzo
- 87 Agujas de res
- 88 Hojaldre con picadillo
- 89 Entomatado
- 90 Espinazo con lentejas
- 91 Pastel de carne
- 92 Aguayón con hongos

93 Aves

- 94 Pollo con ciruela pasa
- 95 Pollo enharinado
- 96 Pollo en nogada
- 97 Pollo con manzana
- 98 Pastel de pollo
- 99 Brochetas de higaditos
- 100 Mollejas con perejil

101 Pescados y mariscos

- 102 Pescado con perejil
- 103 Croquetas de atún
- 104 Pescado empapelado
- 105 Pescado con guacamole
- 106 Tortas de machaca
- 107 Cazón a la mexicana
- 108 Mojarras al horno
- 109 Pescado en especias
- 110 Albóndigas de pescado
- 111 Pescado al mojo de ajo
- 112 Pescado al vino
- 113 Almejas a la mexicana
- 114 Camarón en salsa verde

115 Postres

- 116 Mantequilla de cacahuate
- 117 Molletes de cacahuate
- 118 Piedritas de avena
- 119 Gelatina de naranja
- 120 Pastel de miel
- 121 Paletas heladas
- 122 Plátanos con pasas
- 123 Galletas de margarina
- 124 Naranjas con canela
- 125 Perones borrachos
- 126 Pan francés
- 127 Plátanos con queso
- 128 Toronjas al horno
- 129 Postre de guayaba
- 130 Infusiones

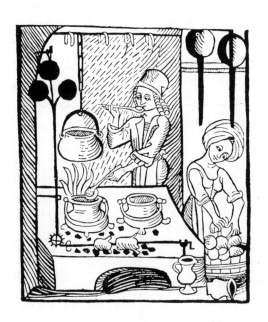

...y la comida se hizo

Alimentos que deben comerse con mesura

Alimentos muy altos en colesterol	contienen mg
1 seso	2000
2 huevos	500
1 ración de paté de hígado	360
1 ración de hígado de res	320
1 ración de riñón	300-500
1 ración de chicharrón	290
1 ración de pancita	280
1 cucharada sopera de mayonesa	240

Trate, casi todos los días, de comer alimentos que, en conjunto, tengan menos de 300 mg de colesterol. Si se pasa un día evítelo los siguientes

Alimentos altos en colesterol	contienen mg
1 barrita de mantequilla	230
1/2 queso doble crema	190
12 camarones chicos	160
2 cucharadas soperas de crema	139
1 ración de queso crema	139
1 jaiba mediana	115
1 ración de hígado de pollo	115
3 rebanadas de salami	115
1 ración de queso de puerco	115
1 ración de carnitas	103
1 chorizo	103